Vigília Lula Livre
Um movimento de resistência e solidariedade

Lopes, Áurea
Vigília Lula Libre: um movimento de resistência e solidariedade / Áurea Lopes. - 1a ed.- Santa Catarina: CLACSO, 2020.
160 p. 23 x 16 cm.
ISBN 978-987-722-558-7
1. Acción Política. 2. Análisis Político. 3. Brasil. I. Título.
CDD 320.81

Fotos de reverso de capa: Douglas Mansur e Ricardo Stuckert
Foto da autora: Rennan Guiducci
Arte da capa: Villy
Desenho interior: Eleonora Silva

Vigília Lula Livre
Um movimento de resistência e solidariedade

Áurea Lopes

CLACSO
Consejo Latinoamericano de Ciencias Sociales
Conselho Latino-americano de Ciências Sociais

CLACSO Secretariado Executivo
Karina Batthyány - Secretária Executiva
Nicolás Arata - Diretor de Formação e Produção Editorial

Equipe Editorial
María Fernanda Pampín - Diretora-adjunta
Lucas Sablich - Coordenador Editorial
María Leguizamón - Gestão Editorial
Nicolás Sticotti - Fundo Editorial

 BIBLIOTECA LATINO-AMERICANA E DO CARIBE DE CIÊNCIAS SOCIAIS
CONHECIMENTO ABERTO, CONHECIMENTO GRATUITO

Os livros de CLACSO podem ser baixados gratuitamente em formato digital ou adquirido em versão impressa de qualquer lugar do mundo acessando a www.clacso.org.ar/libreria-latinoamericana

Vigília Lula livre: um movimento de resistência e solidariedade (Santa Catarina: CLACSO, março de 2020).
ISBN 978-987-722-558-7
© Conselho Latino-americano de Ciências Sociais | Fica realizado o depósito estabelecido pela Lei 11.723.

Não se permite a reprodução total ou parcial deste livro, nem sua incorporação a um sistema informatizado, nem sua transmissão em qualquer forma ou por qualquer meio seja este eletrônico, mecânico, fotocópia ou outros métodos sem a permissão prévia do editor.
A responsabilidade pelas opiniões expressadas nos livros, artigos, estudos e outras colaborações é de responsabilidade exclusiva dos autores signatários, e sua publicação não reflete necessariamente as opiniões da Secretaria Executiva de CLACSO

CLACSO
Consejo Latinoamericano de Ciencias Sociales - Conselho Latino-americano de Ciências Sociais
Estados Unidos 1168 | C1023AAB Ciudad de Buenos Aires | Argentina
Tel [54 11] 4304 9145 | Fax [54 11] 4305 0875 | <clacso@clacsoinst.edu.ar> | <www.clacso.org>

Patrocinado pela Agência Sueca de Desenvolvimento Internacional

Sumário

Uma vitória da democracia 9
Karina Batthyány

A formação de um movimento socioespacial 13
Bernardo Mançano Fernandes

Introdução 19

A prisão 21

    A Polícia Federal 21
    Os vôos 24
    As bombas 26
    As vítimas 29

A rua 33

    O reencontro 33
    Olga Benário 36
    O dia-a-dia 38
    A vizinhança 44
    Os opositores 49
    Os solidários 51
    O acampamento Marisa Letícia 52
    A Casa da Democracia 55
    Mensagens deixadas na Casa da Democracia 59
    Linha do tempo jurídica 62

Galeria de fotos 71

A Vigília 87
    Lula 87
    Ele ouve tudo 90
    Governança 93
    Comunicação 98
    Programação 99
    Espaço Saúde 103
    Arte 105
    Solidariedade 107
    Ato de comunhão 111
    Visitas ilustres 114
    Atividades da Vigília 120

Formação 127
    Congresso do povo 127
    Hortas nas escolas 130
    Espaço Marielle Vive 133
    Jovens 135
    Casa Lula Livre 136

Galeria de fotos 139

Carta de Lula 151
    Agradecimento de Lula à Vigília 151

Epílogo 155

Depoimento pessoal 157
    Agradecimentos 158

Sobre a autora 159

Uma vitória da democracia*

Este livro é publicado no âmbito de uma situação histórica esperançosa, complexa e em estado latente.

A libertação de Lula em 8 de novembro de 2019 não apenas constitui um marco no calendário da história contemporânea do Brasil e da região; além disso, nutre a construção de uma via alternativa para analisar o tempo político que se abre em nosso continente.

Nossa leitura não pode deixar de ser esperançosa porque (depois de viver 580 dias injustamente detido no âmbito de uma guerra legal desencadeada contra ele) Lula recuperou sua liberdade. Ele fez isso com a marca e a energia que o caracterizaram ao longo de sua história: com a cabeça erguida, cheio de esperança e fortes convicções, as mesmas com as quais militou a vida toda e chegou à presidência da República do Brasil entre 2003 e 2011.

Vale lembrar: Lula foi julgado em duas instâncias, pelo juiz Sérgio Moro (imediatamente promovido a ministro da Justiça pelo presidente Jair Bolsonaro) e pelos três desembargadores do Tribunal Regional Federal da 4ª Região (TRF-4), que confirmaram a sentença em primeira instância e agravaram a sentença do juiz. Em nenhum momento foi apresentada qualquer evidência. Além disso, ficou provado que os envolvidos não possuíam a imparcialidade necessária para realizar o julgamento.

* Tradução do espanhol ao português de María Paula Vasile.

Um exemplo é suficiente. Geraldo Prado nos lembra que (durante o processo legal de Lula) os mais altos representantes da Justiça fizeram pronunciamentos como: "Eu vou tomar uma decisão revolucionária, deixando de lado a lei, porque pela lei não se pode condená-lo de maneira nenhuma" (2018, 14). Tudo isso aconteceu em um cenário em que Rodrigo Vianna se expressou de forma eloquente: "No julgamento mais importante da história do país, uma senhora negra serve café para três homens brancos, os quais julgarão um ex-retirante nordestino. Se não entendermos o simbolismo disso, jamais entenderemos esse país."

A complexidade da trama em que esses fatos se entrelaçam não é menor. O cenário regional e local, particularmente no Brasil, é marcado por uma onda de intolerância e violência que teve, entre seus pontos mais altos, o *impeachment* iniciado na Câmara dos Deputados contra a presidente Dilma Rousseff, processo que, como todos e todas vimos, foi atravessado por uma profunda misoginia dirigida à presidente por sua condição de mulher e política. Em relação a isso, e como Giovanni Alves diz, "o golpe de 2016 está sendo um verdadeiro 'banquete da Nação', desmontada pedaço por pedaço, e distribuída numa bandeja de prata para o capital financeiro interno e externo" (Alves, *et al.*: 10).

Este livro enfoca a história de um vínculo político de um ângulo que chamou a atenção das Ciências Sociais desde o momento de sua constituição: o relacionamento entre líderes e o povo.

A Vigília Lula Livre é composta por militantes, trabalhadores, trabalhadoras e estudantes, sindicalistas, camponeses e camponesas, políticas e políticos de todo o mundo, que manifestaram de várias maneiras seu apoio ao líder político mais popular gestado pela classe trabalhadora brasileira.

Suas páginas são um registro desse movimento que surgiu espontaneamente, e gradualmente encontrou maneiras, estratégias, táticas para se tornar audível, enfrentar o poder que constantemente os ameaçava, e cumprimentar (todas as manhãs, todas as tardes, todas as noites) o ex-presidente do Brasil.

A história é longa e a saga política iniciada por Lula está longe de terminar. Ainda é cedo para saber. Enquanto isso, este livro quer deixar documentada para sua análise, estudo e interpretação a história e a dinâmica de um movimento que foi gestado no calor das lutas pela libertação de Lula: a democrática Vigília Lula Livre. Suas páginas abrigam (sob a clara e poderosa narrativa de Áurea Lopes) as experiências de um coletivo que nasceu durante o período em que Lula foi preso e que foram decisivas para sustentar Lula emocionalmente. A carta que acompanha este livro (escrita por ele em agosto de 2019) conclui como esperávamos todas e todos os que lutamos por um continente mais justo e mais igualitário: "Minha inocência será provada e em breve eu vou estar aí, não só para dar um abraço forte em todos, mas me juntar ao grito de vocês. Vamos, juntos, recolocar o Brasil no lugar onde já esteve, com muito orgulho – não acima, mas ao lado das maiores nações do planeta".

Karina Batthyány
Secretária-executiva da CLACSO

Bibliografia

Alves, Giovanni; Nassif, Maria Inês; Rosário, Miguel do; Ramos Filho, Wilson; Gonçalves, Mirian [Coord.] (2017) *Enciclopedia do golpe*, vol. 1. Bauru, CLACSO, Projeto Editorial Praxis, Instituto Joaquín Herrera Flores e Instituto Defesa da Classe Trabalhadora.

Proner, Carol; Cittadino, Gisele; Ricobom, Gisele; Dornelles, João Ricardo W. (Org.) (2018) *Comentarios a una sentencia anunciada. El proceso Lula.* Buenos Aires, CLACSO, Instituto Defesa da Classe Trabalhadora, Instituto Joaquín Herrera Flores, Projeto Editorial Praxis e Canal 6 Editora.

A formação de um movimento socioespacial

Bernardo Mançano Fernandes[*]

Este é o primeiro livro sobre a Vigília Lula Livre. O trabalho de Áurea Lopes é resultado da própria Vigília, de quem acompanhou desde o princípio e registrou momentos principais desse movimento de apoio e defesa de Lula.

A transformação da realidade acontece pela formação de um movimento que cria um novo espaço. Por essa razão, chamamos a Vigília Lula Livre de movimento socioespacial.

O movimento socioespacial Vigília Lula Livre se constituiu pelas ações de diversas organizações que estão registradas nesse livro. Partidos, movimentos sindicais, movimentos camponeses e articulações de movimentos reuniram-se para manifestar o seu apoio ao ex-presidente Lula.

A prisão de Lula é um processo ainda não explicado. É parte da operação Lava Jato que constituiu uma ação anticorrupção do Ministério Público Federal e teve como alvo a prisão do ex-presidente, como ficou demonstrado na Vaza Jato, através do vazamento de informações entre o juiz da operação e um promotor com evidências de dirigir o processo no sentido de produzir fatos para a acusação.

---

[*] Geógrafo da Universidade Estadual Paulista (UNESP). Representante do Brasil no Conselho Latino-americano de Ciências Sociais (CLACSO).

Essas conversas foram realizadas no aplicativo Telegram e divulgadas pelo periódico virtual *The Intercept*, coordenado pelo jornalista estadunidense Glenn Greenwald.

As revelações de *The Intercept* fortalecem a tese da inocência de Lula, que a reivindica diante da proposição do Ministério Público Federal (MPF) que pediu à Justiça o regime semiaberto para o ex-presidente. Lula exige sua liberdade plena por não ter praticado qualquer crime, sendo condenado por meio de um processo ilegítimo e corrompido por flagrantes equívocos.

Ao lado da prisão, Lula teve a companhia persistente de pessoas que acreditam na sua inocência. Além dos militantes da Vigília sempre presentes estavam os simpatizantes que visitam a Vigília, dando mais vida a este espaço de luta e resistência.

Um ato marcante da Vigília foi o cumprimento que as pessoas faziam ao ex-presidente Lula todos os dias. O significado do cumprimento de bom dia, boa tarde e boa noite, pode passar despercebido no nosso cotidiano, por ser habitual, mas tem um sentido muito mais profundo para Lula na prisão em Curitiba, como está demonstrado neste livro.

Ouvir dezenas, centenas de pessoas lhe cumprimentarem, todos os dias, é um ato de força que renova as esperanças. Estes cumprimentos cotidianos carregados de expectativas. Razões e sentimentos se mesclam, tornam-se inseparáveis, em um espaço de socialização política.

A Vigília nasceu com seu próprio espaço, fazendo-se, espacializando-se, constituindo-se. São relações de várias pessoas em luta com outras pessoas favoráveis à prisão de Lula num conflito intermitente e em busca de superação.

Em sua formação, foram criados vários espaços para tratar das diferentes necessidades dos militantes e simpatizantes no cotidiano da Vigília Lula Livre.

A saúde, a arte, a política são espaços criados pela Vigília para a manutenção da luta pela liberdade de Lula. Das manifestações dos espaços das ruas para a manifestação no terreno alugado pela Vigília foram criados vários espaços que estão na história relatada neste livro.

As organizações foram apreendendo a criar espaços e territórios materiais e imateriais. O aluguel do terreno ao lado da sede da Polícia Federal fortaleceu a Vigília, constituindo-se como um território, onde a luta se realiza ainda com mais intensidade.

A Vigília tem um lugar permanente, reconhecido, onde as forças conservadoras não podem penetrar a não ser pela violência, por meio de ataques covardes.

Nas ruas a Vigília se espacializou, no terreno alugado ela constituiu seu território, mas não parou aí. Juntando experiências e necessidades se espacializou através do Congresso do Povo, indo para comunidades impactadas pelas desigualdades.

Produzindo espacialidades, o Congresso do Povo transforma realidades contribuindo com as mudanças sociais das comunidades através do trabalho, do apoio, na construção de habitações, infraestrutura e serviços, nos exemplos apresentado no final do livro.

A Vigília Lula Livre como movimento socioespacial muda a realidade constantemente. Sua espacialidade chega em todos os lugares e trazem novos simpatizantes, visitantes, pessoas que querem conhecer as razões da prisão de Lula.

Áurea Lopes nos brinda com um belo texto de uma história realizada pela militância. Uma história sem fim, construída com a dignidade, a coragem, a vontade, a solidariedade, a generosidade etc. Essas virtudes que as pessoas reúnem para construir o futuro.

A Vigília Lula Livre marca a história do Brasil e não acaba com a libertação de Lula. Segue vigilante contra as ameaças à democracia.

À Isadora,

Mais do que uma filha dedicada, minha companheira de desafio, minha ouvinte mais exigente e minha maior entusiasta!

Com todo o meu amor.

Introdução

> *As histórias de vida imprimem marcas na participação política, ou, ainda, a participação política está imbricada na história de vida de um militante.*
>
> Guilherme Gibran Pogibin,
> *Memórias de metalúrgicos grevistas do ABC,* 2009.

Este livro-reportagem conta a história da Vigília Lula Livre e as histórias das pessoas que fazem a Vigília. Começando pela noite da prisão de Lula, 7 de abril de 2018, relata os acontecimentos que desencadearam e sustentaram uma das manifestações populares melhor estruturadas e mais longas de que se tem notícia no planeta.

Atacados com bombas pela polícia, enquanto esperavam a chegada de seu líder, militantes e simpatizantes se aparelharam para a resistência, ocupando as ruas e construindo uma experiência coletiva que conquistou seu lugar social, cultural e histórico.

A forma como se organizaram no dia a dia, onde dormiam, como se relacionavam, o que cantavam, os apoios recebidos, as agressões sofridas... curiosas e dramáticas cenas estão descritas nas próximas páginas, em depoimentos impregnados de emoção e de ideais. Não fogem, porém, aos fatos –vastamente documentados graças à tecnologia, o que muito contribuiu para a qualidade das informações levantadas aqui.

A história da Vigília é contada neste livro a partir da percepção do presente, sem pretensão de uma análise histórica –ainda há que correr muito tempo para o necessário distanciamento. Os sentimentos e as memórias de militantes de movimentos sociais e de simpatizantes de Lula foram os pincéis que deram formas e cores ao cenário que mudou a paisagem no bairro do Santa Cândida, em Curitiba, no Paraná.

Este livro reúne os fatos mais relevantes do movimento nos 580 dias da prisão de Lula. Os cem primeiros dias acampados em barracas, as visitas de personalidade do mundo todo, os embates com o poder público e com a vizinhança, a conquista de um espaço próprio, a construção de uma agenda cultural e de um núcleo de formação política e trabalho de base.

Cada capítulo deste livro revela um pequeno microcosmo –alguns já abordados em reportagens da época. No entanto, é pelo olhar integral e sistêmico para o conjunto de vidas e vivências da Vigília Lula Livre que se enxerga a real dimensão da grandeza dessa história.

A prisão

A Polícia Federal

Eles começaram a chegar por volta das 11h. Queriam garantir um lugar de onde pudessem ser melhor vistos e melhor ouvidos. Ainda eram poucos. Mas o suficiente para tomar conta da entrada principal, empurrando para a outra rua o grupo ainda menor de manifestantes contrários. Em seis horas, terminava o prazo para o expresidente Lula se entregar à polícia e ser levado àquele endereço. A espera prometia ser longa e tensa. Era 7 de abril de 2018.

Com 18 mil metros quadrados construídos, em uma área de 32 mil metros quadrados, o cárcere onde estão alguns réus da Operação Lava Jato pode ser avistado de longe, no bairro de Santa Cândida, em Curitiba, Paraná. No topo de uma ladeira, os quatro andares do prédio ostentam um visual sóbrio, combinando alvenaria cinza com pequenos azulejos azul escuro. Na fachada, ladeadas por dois brasões, letras em metal dourado de grosso calibre: Polícia Federal.

A entrada é aberta a qualquer cidadão. Basta cruzar o portão na calçada e caminhar até o edifício. Lá dentro também não é necessário apresentar documentos para chegar ao setor de passaportes ou entrar na agência do Banco do Brasil. O acesso aos banheiros é igualmente livre. Precisa se identificar no balcão da recepção apenas quem busca os demais serviços, como migração, porte de armas ou visita aos detentos. Todos que por ali circulam têm bem à vista, na parede lateral à direita do saguão principal, uma placa de bronze que registra a inauguração dessa regional da PF, dia 2 de fevereiro de 2007, sob a presidência da República de Luiz Inácio Lula da Silva.

Na parede à frente, um quadro com o hino do Departamento da Polícia Federal exibe versos que ganharam novo sentido, desde a prisão de Lula:

> *Defendendo os direitos humanos*
> *Pela ordem em eterna vigília*

Ao redor da construção, ainda dentro das dependências mantidas pelo Ministério da Justiça, há dois estacionamentos para funcionários e dois canteiros de jardim. O limite entre o espaço federal e o espaço municipal é demarcado por muros de concreto, nas laterais do terreno que dão para outras ruas. O mesmo muro circunda também a linha de fundo, onde uma nesga de mata se esparrama pela direção Noroeste do estado. Pode ser que vieram daí as loxosceles, aranhas altamente venenosas que tiraram o sono de um ex-diretor da empreiteira OAS –um dos condenados em decorrência da força-tarefa do Ministério Público Federal no Paraná.

A frente da PF –onde se aglomeravam já dezenas de pessoas, às 14h daquele sábado quente– é contornada por grades de ferro azuis. Grudados nessas grades, e nas telas de seus celulares, muitos sequer olhavam para o prédio nesse momento. A movimentação que lhes interessava, por ali, iria demorar. Havia até quem acreditasse na possibilidade de uma guinada histórica, uma virada de jogo radical, que evitaria a consumação do fato que os havia mobilizado até lá. Mas não foi isso que sucedeu.

Às 16h o sol ainda estava alto. Um cotovelo de tensão dobrava a esquina formada pelas ruas Professora Sandália Monzón e Engenheiro Paulo Gabriel Passos Brandão. De um lado –o esquerdo de quem fica de frente para o edifício– a paisagem se tingia de vermelho, rua Guilherme Matter abaixo, ao som de baterias de percussão. Manifestantes pró-Lula, mais do que levar faixas e cartazes, montaram tendas e providenciaram banheiros químicos. Do lado direito, na rua Gabriel

Passos, uma mancha verde-amarela de manifestantes contra Lula batia panelas e brandiam pixulecos. O enfrentamento foi inevitável. Mas o poder público logo interveio, separando os adversários com duas viaturas e meia dúzia de policiais munidos de escudos.

Circulavam livremente os jornalistas progressistas, dos veículos alternativos. Profissionais da grande imprensa estavam mais desconfortáveis, hostilizados pela turma da esquerda. Posicionaram-se em cima de lajes, alugaram terraços das casas, na tentativa de obter bons ângulos, mas também de se resguardar. Mesmo assim, pagaram o preço de representar a "mídia golpista", tornando-se alvo de ovos e protestos.

Enquanto a tarde avançava, as atenções se concentravam na história do Brasil, que estava sendo escrita a 436 quilômetros de distância, em um cenário curiosamente parecido: um edifício de quatro andares, nas cores cinza e azul escuro. A semelhança, porém, acaba por aí. Na fachada, as letras são vermelhas: Sindicato dos Metalúrgicos do ABC. Lá estava Lula, depois de ter participado, na rua, junto com centenas de pessoas, da missa celebrativa de um ano da morte de sua esposa, Marisa Leticia.

De acordo com uma sentença decretada no dia 5 de abril, às 17h ele deveria se apresentar às autoridades federais. O horário chegou mas, até aquele momento, ninguém poderia garantir que a ordem iria ser cumprida. Nem o juiz Sérgio Moro, mandante da prisão. Uma dúvida inquietava aqueles que estavam dentro do sindicato e intrigava muitos brasileiros do lado de fora —fosse ali mesmo, na rua João Basso, sede da entidade onde Lula iniciou sua carreira política, ou em qualquer outro canto do país. Ele se entregaria? Fugiria? Pediria asilo?

Os manifestantes na porta da PF de Curitiba seguiam, pelas redes sociais, todas as movimentações que refletiram essa incerteza. A definição veio às 18h40. Essa foi a hora em que Lula finalmente saiu do sindicato, na segunda tentativa, após ter sido impedido por militantes na primeira vez. Embrenhando-se a pé, em meio à multidão, ele conseguiu entrar no carro da Polícia Federal. "Eu vou cumprir o mandado", havia dito, pouco antes, em seu discurso.

Os vôos

Feito o exame de corpo de delito na PF de São Paulo, Lula foi de helicóptero até o aeroporto de Congonhas. Às 20h40, embarcou em um Caravan, rumo à capital paranaense. Caravan é o modelo do monomotor matrícula PR-AAC, Papa Romeu Alpha Alpha Charlie, escolhido para transportar o preso famoso exatamente por sua condição de descaracterização. Nada de logotipos, nada de marcas que o identifiquem como um equipamento da polícia federal. Essa foi uma entre as diversas precauções com a integridade do ex-presidente.

Profissionais envolvidos na operação confirmam que houve um forte compromisso de todos os órgãos nesse sentido. Estava claro: se algo acontecesse, seria um desastre para a imagem da Infraero ou da polícia. E as autoridades da segurança sabiam perfeitamente que o perigo era concreto e poderia vir de todo lado –tanto que a Força Aérea Brasileira (FAB) confirmou a veracidade de um áudio vazado, em que o piloto do avião conversa com uma pessoa não identificada, que instiga: "Manda esse lixo janela abaixo".

Um dos responsáveis pela logística de recepção no aeroporto Afonso Pena, em Curitiba, era Nelson de Oliveira Dantas, funcionário da Infraero desde 2006. Ele cuidou para que, durante toda a tarde, enquanto São Bernardo do Campo era monitorado atentamente, o helicóptero que iria fazer o transporte de Lula até a PF ficasse de prontidão no pátio, sob a guarda de um fiscal.

> Havia muita tensão no aeroporto, gente estourando fogos do lado de fora, imprensa disputando lugar... A PF estava extremamente preocupada, pedindo a colaboração de todos. Mas, no fundo, não se sabia se ele viria.

A prisão

Nelson deixou sua terra natal, São Paulo, para trabalhar em Curitiba, no ano de 2015. Militante de esquerda desde a adolescência, nessa época já era dirigente do Sindicato Nacional de Aeroportuários. Nada mais natural que ele convocasse, para a escala do dia 7 de abril de 2018, uma equipe especialmente selecionada, de acordo com suas referências.

> Fiscais de pátio, coordenadores... todas as pessoas que participaram da operação eram simpatizantes da esquerda. Eu escolhi a dedo porque queria gente da minha confiança em todas as frentes. O risco de sabotagem era enorme.

Pai de uma jovem de 26 anos, do primeiro casamento, Nelson conheceu a atual companheira, Elisamara Goulart Araújo, em um curso da CUT. Ela é da direção do APP Sindicato –além de corinthiana e petista. Não podia dar errado:

> Nos demos bem porque os dois somos dirigentes sindicais. Um entende a luta do outro.

Naquele dia, mais do que em qualquer outro, a comunicação entre o casal explodiu em dezenas de mensagens de celular. Era para Elisamara que Nelson enviava cada nova posição de Lula, trajeto a trajeto, voo a voo. Próximo à chegada do Caravan a Curitiba, Nelson escrevia, na língua dos aeroportuários: "Tá na longa final", "tá na curta final", "na final!". Elisamara respondia: "O que é isso? Fala uma coisa que eu entenda!". A longa final é quando faltam de 3 a 5 minutos para a nave pousar. Na longa curta, um minuto. A reta final é quando se avista a aeronave, próxima da cabeceira de pouso.

Não é preciso muito esforço para adivinhar onde estava Elisamara, nem com quem compartilhava todas as informações. Ao pé da grade azul da entrada da PF, ao lado de outras lideranças sindicais, ela informou aos colegas o exato instante em que o Lula pousou no Afonso Pena. Nelson se emociona quando lembra:

Enquanto a nave estava taxiando, a expressão nos rostos das pessoas era de incredulidade, de profunda tristeza. Vi colegas chorando. Foi muito complicado administrar o emocional naquele instante.

O avião parou ao lado do helicóptero, chamado de "caçador". Lula não desembarcou de imediato. Todos os envolvidos na operação se comunicaram –seguranças, policiais, funcionários. A PF fez, então, mais uma varredura no aeroporto. Só depois veio a autorização para ele descer. Nelson estava muito perto, na pista:

> O presidente caminhou aqueles trinta metros com uma altivez impressionante. Parecia dizer "Estou indo provar minha inocência. Não fiquem tristes por minha causa". Um dos funcionários da minha equipe passou mal, precisou ser socorrido. Meu chefe me olhou e disse: "Não faça besteira!". Ele teve medo que eu corresse para abraçar o Lula.

Quando o caçador subiu, o celular de Elisamara tocou: "Saiu! Calcula 5 minutos. O próximo helicóptero a pousar é o dele".

As bombas

Na porta da PF, não parava de chegar gente. Mais de mil pessoas circulavam nos arredores, cantando e gritando palavras de ordem. Militantes, ambulantes, artistas, parlamentares compartilhavam notícias e sentimentos –de comemoração ou de comoção. Entre as lideranças de organizações de esquerda presentes, Regina Cruz, presidente regional da CUT, e o deputado federal Dr. Rosinha, presidente do PT no Paraná, acompanhavam a decolagem de Lula do aeroporto de Congonhas, junto aos companheiros, quando foram abordados por um agente da polícia. Estavam sendo convocados a comparecer imediatamente ao Quartel do Comando Geral da Polícia Militar.

Minutos antes, o Tribunal de Justiça do Paraná havia deferido um pedido de interdito proibitório por parte do município de Curitiba.

Isso queria dizer que os manifestantes estavam proibidos de permanecer em um perímetro de cem metros ao redor da PF. No quartel, Regina e Dr. Rosinha viram o mapa projetado na parede que indicava exatamente a distância que as centenas de pessoas à porta da PF naquele momento deveriam tomar das grades azuis, onde haviam se plantado, desde as primeiras horas da tarde. Regina sabia que seria impossível desocupar a rua, àquela altura dos acontecimentos.

> Não houve comunicação desse interdito. Fomos avisados em cima da hora. Faltava pouco para Lula chegar. Fiquei com medo do que poderia acontecer.

Do quartel da PM, Regina e Dr. Rosinha voltaram para a porta da PF. Pouco depois, são chamados lá dentro, onde um oficial de Justiça apresentou a notificação do interdito. A ordem, no entanto, era dirigida a todos os manifestantes, não apenas ao grupo pró-Lula. Por isso, Dr. Rosinha exigiu que fosse chamado também o outro grupo. Representantes das organizações Movimento Brasil Livre (MBL), Curitiba Contra a Corrupção e UFPR Livre vieram, bastante contrariados. Até porque desconheciam completamente o interdito, pois –não se sabe o motivo– também tinham sido excluídos da convocação à PM.

Quando todos acabaram de assinar a notificação, o helicóptero de Lula despontou no céu. Para Regina, a culpa do trágico episódio foi toda da polícia.

> Tenho certeza de que se fosse de um jeito diferente, com mais tempo, a gente ia dialogar com o pessoal e fazer uma retirada tranquila, sem problemas.

Não houve tempo. O que houve, na opinião do deputado Dr. Rosinha, foi um crime da polícia federal.

> Estávamos todos dentro do prédio da PF. Os caras da direita saíram antes. Quando Regina e eu estávamos saindo, já fora do prédio, vimos, de um lado, raio laser e rojões disparados na direção do helicóptero, tentando prejudicar o pouso e com risco até de derrubar a

nave. Do outro, próximo ao jardim, agentes federais jogando bombas e dando tiros com balas de borracha na nossa gente.

Granadas de gás lacrimogêneo caíram em cima das pessoas totalmente desprevenidas. Ninguém imaginava a possibilidade de um ataque violento, em uma manifestação pacífica. Foram atingidos idosos, crianças, pessoas com deficiência –entre esses, os deputados Décio Lima (PT-SC) e Ângelo Vanhone (PT-PR), de muletas. Muitos foram empurrados, derrubados, pisoteados. Pessoas desmaiaram. Uma criança de colo caiu e bateu a cabeça.

Uma parte correu pela rua Sandália Monzon em direção à Av. Paraná. Outros desceram a rua Guilherme Matter, onde deram de cara com uma tropa de choque da PM fechando o cerco e obrigando os manifestantes a voltar para o foco da confusão. Alguns eram detidos aos gritos de "mãos para cima", "mãos para trás", como se abordassem meliantes em flagrante. Várias testemunhas também declararam em seus depoimentos que os policiais xingavam: "Vagabundos! Saiam daqui, seus filhos da puta! Seus porras!".

A advogada paranaense Vânia de Paula Camargos, de 34 anos, estava a dois metros do portão principal da PF quando o helicóptero pousou, às 22h. Ela havia participado, uma hora antes, do culto ecumênico realizado na rua, filmando tudo:

> As pessoas cantavam Olê, olê, olá. No instante do pouso, ouvi um estouro abafado. Me virei na direção do barulho e vi minha amiga no chão. Notei o sangue na minha roupa, pensei que fosse dela. Aí senti um líquido quente encharcando meu sapato. Minha coxa começou a queimar. Levantei a calça: tinha um buraco na minha perna.

Vânia foi levada até uma viatura da polícia onde outros três manifestantes aguardavam ser transportados para a Unidade de Pronto Atendimento (UPA) mais próxima.

> Fui hostilizada por todo o pessoal do atendimento. Os socorristas, o enfermeiro... todos tiravam sarro, dizendo que era bem feito, por eu estar no meio "da bagunça".

Ela recebeu curativos rápidos. Quatro meses depois, precisou fazer uma cirurgia para retirar estilhaços de bomba deixados no seu corpo. Foram cinco ferimentos profundos, nas pernas e na barriga, além de várias queimaduras superficiais.

Ter uma advogada entre os feridos foi importante, nas horas seguintes, quando se travou outra batalha, para conseguir atendimento às vítimas.

As vítimas

Formada em Direito em plena ditadura, Ivete Caribé da Rocha é militante social de longa data. Naquela noite, estava com duas amigas, integrantes do Coletivo Advogadas e Advogados pela Democracia, seção Paraná.

> Nós nos preparávamos para ir dar um apoio a Lula nesse momento trágico da vida dele e também do Brasil.

Tânia Mandarino, filiada ao PT desde os 14 anos, conta que no dia anterior elas trabalharam fazendo petições, um pedido do CAAD a voluntários.

> Havia pessoal de prontidão em São Bernardo e em Curitiba. A gente fez um banco de habeas corpus, pesquisas em jurisprudências, tudo preventivo.

Às 22h, prestes a entrar no elevador, as advogadas receberam mensagens sobre o ataque. Voltaram imediatamente para a sala e passaram a organizar informações: o número de pessoas atingidas, para onde tinham sido encaminhadas, qual o estado de cada uma. O próximo passo era fazer os boletins de ocorrência. Em um sábado à noite, não havia atendimento regular nas delegacias. Ligaram na unidade de Santa Cândida: "Só segunda-feira". Na Central de Flagrantes, "só casos trazidos pela polícia". A saída foi acionar o Departamento de Prerrogativas da Ordem dos Advogados do Brasil do Paraná. No início, não queriam se envolver. Informar que havia uma advogada, Vânia, entre os feridos, foi decisivo, conta Ivete.

Tivemos de fazer muita pressão. A OAB tinha obrigação de atuar. Finalmente, o presidente da comissão de Direitos Humanos da OAB-PR ligou para o delegado do 4º DP, que estava em casa, de plantão, e o convenceu a abrir a delegacia.

O saldo da noite foi de enorme tristeza. Só saíram de lá às 5h, com 25 Boletins de Ocorrência registrados. Tânia acredita que "aquilo foi feito de propósito, para Lula ver o seu povo levando pau".

Queriam que ele ficasse preso com essa imagem na cabeça. Terapia de choque.

Lula, no entanto, não viu nem ouviu nada. Quando as bombas estouraram, o helicóptero estava em procedimento de aterrisagem no heliponto. Talvez tenham chamado sua atenção os fogos de artifício, mas ele não tinha noção exata dos riscos envolvidos na manobra. Ao contrário da tripulação, que sabia bem o que estava acontecendo. Em declaração no inquérito policial que apura os fatos, Rafael Coutinho dos Santos, integrante da tripulação do helicóptero, disse que "no momento do pouso, aspectos externos dificultaram a manobra [...] havia diversos fachos de laseres vindos de diversas direções [...] a detonação de fogos de artifício nas proximidades da SR/PF/PR provocaram muitas fumaças, com a redução da visibilidade". Para o piloto Antônio José Lemos Canelha, "houve fatos especiais que necessitassem de maior atenção no referido voo, quais sejam, era noturno, havia antenas e torres em cima dos prédios próximos, havia morro perto da SR/PF/PR e pessoas na entrada da PF lançando fogos de artifício que alcançavam o nível da rampa de aproximação da aeronave"; porém, o comandante entendeu que "o voo e a aterrisagem foram seguro, em face às medidas mitigatórias adotadas". Assim, em seu parecer, o delegado da PF Paulo Maurício de Mello, concluiu que "os fogos de artifício não trouxeram risco efetivo ao voo e inclusive também estariam sendo lançados pelo grupo de partidários daquele ex-presidente".

Nas várias sindicâncias instauradas, a polícia alegou que reagiu porque os manifestantes pró-Lula iam derrubar o portão da PF. Dr. Rosinha negou qualquer tentativa de invasão –o que foi confirmado, no inquérito, pelo tenente coronel Mário Henrique do Carmo, comandante do batalhão responsável no local.

> Nós nunca organizamos um ato de ocupação daquele prédio. Nunca!

Existem vários vídeos e fotos de toda a mobilização. Eu pedi para me mostrarem quem era o agitador, quem estava tentando derrubar o portão. Nunca mostraram.

O inquérito correu no Tribunal de Justiça do Estado do Paraná. O juiz entendeu que a Polícia Militar não teve participação nos atentados e remeteu o processo para a 14ª Vara da Justiça Federal. Com isso, a Justiça Federal deve deliberar sobre uma acusação contra a Polícia Federal. "Isso não faz sentido. Esse caso precisa estar sob a competência de um juiz especial", explica Ivete Caribé, advogada da ação.

Na época, o presidente da Comissão de Direitos Humanos e Minorias (CDHM) da Câmara, deputado federal Paulão (PT-AL), questionou oficialmente a atuação dos agentes federais envolvidos na ação contra os manifestantes. Paulão encaminhou ofícios à procuradora-geral da República, Raquel Dodge, e ao ministro da Segurança Pública, Raul Jungmann, chefe da Polícia Federal, para que tomassem providências quanto às denúncias relatadas e comprovadas em fotos e vídeos.

O processo segue. As vítimas estão dispostas a ir em frente, algumas têm intenção de pedir ressarcimento por danos físicos e morais. "Mas entrar em uma causa nessas condições... é como entrar em um ninho de cobras", pondera Ivete.

A rua

O reencontro

Como uma onda que retrai, reúne forças e retorna, vigorosa, o povo que foi enxotado a bombas do portão da PF não desistiu. As pessoas retornaram, em pequenos grupos, subindo pelas ruas. Sandra dos Santos, militante e assessora de um parlamentar do PT, descreve a cena "como se fosse de um filme".

> Estava todo mundo assustado, indignado. Tinha coisas espalhadas pelo chão, perdidas na correria. O cheiro de fumaça entrava pelo nariz... Mas a gente ia voltando, dos dois lados da rua, e se concentrando no cruzamento. Era um reencontro, cheio de simbolismo, muito triste e muito emocionante.

Às 4h da madrugada, ela foi embora para casa. Voltou no dia seguinte, no meio da manhã.

Desci do ônibus e olhei de longe, mas não acreditei... a rua estava tomada por um mar vermelho fervilhando de gente!

Durante a madrugada, os militares que formavam a barreira do interdito testemunharam uma mudança no roteiro da história: o caos e a indignação deram lugar à determinação e à disciplina.

Quando o dia clareou, já estava erguida uma barraca onde as equipes de coordenação, comunicação e infraestrutura iam se articulando e tomando decisões práticas. De cozinhas improvisadas, exalava um reconfortante cheiro de café. Cerca de 1.200 pessoas passaram aquela noite na rua. Somavam-se a elas, minuto a minuto, simpatizantes e militantes vindos, por conta própria ou em caravanas, de outros bairros, de outras cidades, de outros estados. A onda de solidariedade e resistência que se prenunciava parecia ultrapassar as melhores expectativas da Frente Brasil Popular, responsável por articular a manifestação. Aproveitar toda aquela energia exigia organização e metodologia – pontos fortes do que foi então chamado *Acampamento da Vigília Democrática Lula Livre*.

Não se sabia por quanto tempo seria preciso ficar ali. Um dia, dois, três, uma semana. Alguns acreditavam que, pelo ritmo "especial" adotado nos processos judiciais contra Lula –julgado em prazo extraordinariamente rápido, para ser afastado das eleições– o pedido de *habeas corpus* poderia ter também uma tramitação "especial", demorando um mês ou mais para ser atendido. A única certeza era a da luta. A presidente do PT, Gleise Hoffman, presença constante no acampamento, declarou que a vigília iria durar até Lula ser solto. Menos de 24 horas depois da prisão, um boletim do PT advertia, sem que se pudesse imaginar o quão premonitórias seriam aquelas palavras:

> A vigília, em Curitiba, de apoio ao maior presidente da nossa história, será permanente. Já estão sendo agendadas visitas de líderes internacionais. Até o dia em que Lula for solto, milhares de pessoas passarão todos os dias pelo local que Sérgio Moro esperava que ficasse conhecido apenas como a cidade onde Lula cumpriu pena, mas na verdade se tornará um marco de peregrinação para todas as pessoas do Brasil e do mundo que lutam por justiça, democracia e pelo respeito aos direitos fundamentais.

Roberto Baggio, coordenador do Movimento dos Trabalhadores Rurais Sem Terra (MST) no Paraná, explica que estavam preparados para uma pequena jornada:

> Ele chegou no sábado. Domingo de manhã muitos companheiros estavam a caminho de Curitiba. Mas confiávamos em que logo haveria o julgamento do habeas corpus no Supremo Tribunal Federal.

No dia 9, segunda, 14 ônibus estavam estacionados nos arredores, segundo uma diligência da procuradoria geral, que monitorava a movimentação. Na conta dos militantes, havia mais.

Administrar o cenário e a mobilização que se compunha se apresentava uma empreitada e tanto para as lideranças da FBP. Principalmente se tratando de um fenômeno espontâneo, com participação de diversas correntes de esquerda e organizações com perfis de atuação diferentes, como partidos políticos, movimentos sindicais, movimentos sociais do campo, entre outros. Além dos populares, não militantes, cidadãos sensibilizados e determinados a reagir a uma injustiça. Baggio ressalta que os primeiros cem dias foram mais tensos, mais conflitivos.

> Tensão com o aparelho do estado, com a polícia, com os provocadores. Exigia uma grande cautela política. Por isso, consideramos da maior importância construir uma coordenação política.

As equipes de trabalho eram formadas por lideranças, militantes e voluntários independentes. A coordenação geral tomava as decisões estratégicas, sempre consensuais, e tratava também das relações com as autoridades. O grupo de infraestrutura cuidava das tendas de uso comum, das barracas para dormir, de banheiros, chuveiros, abastecimento de água e alimentos. Jornalistas ligados às organizações da FBP assumiram o atendimento à imprensa. Voluntários se encarregaram de receber as doações, que chegavam aos montes, em roupas, água, comida e dinheiro –este, administrado pelo coletivo das finanças.

> **De onde vem o dinheiro?**
>
> Um motorista de táxi que faz ponto em frente à Polícia Federal respondeu a essa pergunta com total convicção: "Quem mantém tudo isso são os professores das universidades federais". Ele explica que chegou a essa conclusão por conta da grande quantidade de docentes das instituições públicas de ensino superior que transporta para a Vigília regularmente.
>
> Sim, os professores universitários solidários ao movimento Lula Livre podem até assinar o livro de doações, mas são apenas alguns entre os milhares de doadores que dão contribuições individuais ao movimento.
>
> Os recursos vêm, em parte, das organizações envolvidas. PT, CUT e MST arcam com aluguéis dos espaços. E também cedem funcionários para atuar na Vigília em parte do tempo ou em tempo integral.
>
> Outra fonte significativa do dinheiro vem de doações. No terceiro dia do acampamento, foi criada uma plataforma on-line, gerenciada pela Secretaria de Finanças do PT. Em menos de 20 dias do lançamento, a campanha de arrecadação do site alcançou R$ 500 mil. Até o dia 12 de agosto de 2019, 7.648 pessoas haviam feito 16.900 doações, no total de R$ 1.853.396,66. No mês de setembro de 2019, além das doações esporádicas, são 213 doações fixas mensais, o que representa um valor de R$ 12.320,00.
>
> Muita gente leva dinheiro diretamente na Vigília. O livro-caixa registra assinaturas de todo o Brasil e de alguns países do mundo. Há doações a partir de R$ 0,70.

Olga Benário

A equipe de Cultura também foi formada na primeira manhã, forjando um forte atributo do movimento. Talvez não à toa, um dos símbolos do acampamento é o ponto onde os manifestantes se reagruparam pós-bombas da PF: um local onde se dá o encontro de dois artistas brasileiros do século 20, o pintor paranaense Guilherme Matter e o poeta pernambucano Dr. Barreto Coutinho. Esses são os nomes das ruas cujo cruzamento foi batizado pelos militantes de Praça Olga Benário. Palco "oficial" da Vigília Lula Livre nos primeiros dias, abrigou atos mesclados de política e arte. Pintado no chão, o nome da praça foi apagado por provocadores, em um ataque ao acampamento (*ver capítulo 5*). Mas os militantes trataram rapidamente de refazer seu marco.

Na Praça Olga Benário aconteceu a primeira assembleia popular, às 9h da manhã do dia 8 de abril. Em seguida, o primeiro "Bom dia, presidente Lula". Quem teve a ideia foi a jovem Maiara Oliveira dos Santos, dirigente da União Juventude Socialista (UJS), nascida em Foz de Iguaçu, onde "fez faculdade graças a Lula", que criou a Universidade Federal da Integração Latino-Americana (UNILA), em 2010.

> De manhãzinha, íamos fazer um ato político. O Baggio veio até mim e perguntou sobre a galera da bateria da UJS. Mas durante a noite nós tínhamos mandado eles para casa, pois eram estudantes secundaristas, menores de idade. Então o Baggio falou: "Nós temos de fazer alguma coisa, algum barulho". E eu respondi assim, naturalmente: "Verdade, vamos dar um bom dia ao Lula, pra ele saber que a gente está aqui".

E assim foi... no gogó. Um só grito, de centenas de pessoas, que se repetiu naquela tarde e naquela noite. E por todos os dias, dali em diante. Dias depois, os cumprimentos foram amplificados por aparelhos de som, para o tormento da vizinhança. E, pouco mais adiante, foi adotado o megafone, outro símbolo da Vigília Lula Livre.

Em todo esse tempo de resistência, já devem ter ido bem uns oito megafones, considerando-se que cada megafone dura em média três meses, dependendo do uso. O cálculo é de um especialista no assunto: Adinaldo Aparecido Lemos, o Batista do Megafone. Ele mesmo já doou ao movimento dois equipamentos, de qualidade regular, custando entre 250 e 300 reais cada. Nascido em Limeira, no Paraná, ele é conhecido por caminhar por sua cidade com um capacete amarelo e um megafone, falando sobre política e denunciando falcatruas e desmandos dos governos. Sua ação é chamada de Palavra Registrada.

> Eu cheguei na Vigília na primeira semana. Só fui para a minha casa para votar, em 2018. Vou ficar até Lula ser solto.

Entre discursos e cantoria, o primeiro dia no acampamento foi intenso, incluindo uma apresentação da cantora Ana Cañas –que àquela altura não imaginava que teria de repetir seu show de protesto um ano depois.

O dia a dia

Era mais ou menos como montar um acampamento do campo em pleno asfalto, explica Baggio, coordenador regional de um movimento que tem mais de 20 anos de ocupações rurais, o MST. Precisava de gente para cozinhar, ordenar a fila do rango, acolher visitantes, atender problemas de saúde, receber autoridades, distribuir as doações, fazer a limpeza, zelar pela segurança, entre tantas tarefas. Ao cabo de uma semana, calculava-se que 7 mil pessoas haviam passado pelo acampamento. Baggio fala de uma experiência que ainda não tinha vivido.

> A diferença de uma ocupação rural é que ali era tudo na via pública, com a prefeitura em cima, os vizinhos enfurecidos ao lado, e juntando cada vez mais companheiros. Foi um desafio e uma vitória. Tinha tudo pra dar errado. Estávamos cercados juridicamente, politicamente, com risco de luta a cada minuto. Mas foi um aprendizado contínuo.

Com papel fundamental na estruturação da Vigília, o MST destacou de início um grupo de 70 pessoas para ficarem permanentemente como brigada de apoio ao acampamento. Dos assentamentos mais próximos, vieram eucaliptos e outras madeiras. O movimento usou sua técnica de montar uma barraca de 100 metros em apenas uma hora. Sem fazer um buraco, apenas com sistema de travamento. Pode ser sobre o asfalto ou sobre um terreno, ou mesmo sobre a grama. Joabe de Oliveira, uma das lideranças locais dos sem-terra, conta como funciona.

> Os lavatórios de pratos são desmontáveis. A gente usa e depois guarda, para outra ocupação. Também temos banheiros químicos ou montamos banheiros de estrutura de madeira, dependendo do espaço.

O dia no acampamento começava às 6h30, 7h. Enquanto era preparado o café da manhã, 20 pessoas da brigada de limpeza faziam a primeira varrição das ruas ocupadas. Por volta das 23h, quando as atividades cessavam, as vassouras voltavam à lida. O lixo era recolhido, separado em materiais orgânicos e recicláveis, e encaminhado a um terreno de onde a prefeitura fazia a coleta. Regina conta que as regras de convivência no acampamento eram rigorosas: proibido portar e consumir bebidas alcoólicas; respeito ao silêncio entre as dez da noite e as sete da manhã; vedada qualquer interferência na vida privada dos moradores.

> Era muita gente circulando, o dia inteiro, sem contar os ambulantes. Precisávamos tomar muito cuidado com o ambiente e com as relações.

Tudo funcionava na base da doação. Chegavam roupas, lonas, colchonetes, cobertores, material de limpeza. "Comida nunca faltou", orgulha-se Regina. As pessoas traziam alimentos secos, pratos prontos, sanduíches, garrafas de água. Toda manhã, um caminhão pipa completava o abastecimento. O acampamento na rua chegou a ter 8 cozinhas funcionando simultaneamente. Em 24 horas de existência, a Vigília recebeu 500 quilos de alimentos. Ao completar um mês, a conta era de 1,5 tonelada de alimentos não perecíveis, além de carnes e vegetais frescos. Nas primeiras semanas, foram servidos, em média, 1,4 mil almoços e 1,4 mil jantares.

Uma contribuição fundamental chegava, às 10h, em um caminhão dirigido pelo jovem Rafael Henrique Afonso Cordeiro. Ele trabalha com o pai em uma distribuidora de gás. Entre os clientes deles, alguns usam o gás para alimentar maçaricos. Às vezes, dependendo da pressão, ocorre um congelamento do líquido –o que obriga a troca de botijão. Como não compensa esperar o descongelamento, os botijões acabam sendo descartados com 50% e até 80% do conteúdo. Eram esses botijões que Rafael levava para o acampamento.

> Às vezes, a gente pegava um botijão de 13 kg que estava com 9 kg a 10 kg de gás. Dava para aproveitar bastante.

Filiado ao PT desde 2016, Rafael é estudante de Ciências Contábeis, faculdade que vai trocar por Filosofia. Frequenta a Igreja do Evangelho Triangular e se considera "uma ovelha vermelha no meio evangélico, um comunista voltado ao Novo Testamento".

> Se Jesus estivesse aqui, teria ido ao acampamento.

O pai não é sequer simpatizante do PT. A princípio, ralhava com o rapaz. Mas depois o apoiou. Na eleição, o pai não queria votar em Fernando Haddad. Rafael o convenceu a desistir de ir votar. Gaba-se de ter feito "alguma coisa de bom".

Outro personagem querido no acampamento e festejado nas cozinhas era o agricultor Dario Delgado Gracia, produtor rural orgânico há 18 anos na cidade de Bocaiúva do Sul, a 40 km de Curitiba. Dario tem uma banca Feira de Orgânicos do Passeio Público, no centro da cidade. Três vezes por semana, até hoje, ele doa para a Vigília verduras e legumes que sobram no final do dia. Nas primeiras semanas, ele recolhia a xepa dos outros feirantes também e enchia várias caixas que os militantes iam buscar.

Dario não tem ligação com nenhum partido, mas é extremamente grato a Lula.

> Foi no primeiro mandato dele que consegui o meu primeiro financiamento rural, pelo Pronaf. Construí uma estufa e plantei tomates. Não era muito, mas ajudou bastante.

A principal motivação do pequeno agricultor para colaborar com o movimento, no entanto, veio do berço. Dario é filho do respeitado militante do Partido Comunista Brasileiro (PCB), Honório Delgado Rubio, que esteve várias vezes na Vigília.

> **Comunista ilustre e militante da Vigília**
> **Honório Delgado Rubio**
>
> *Nasceu na Espanha, onde entrou para o Partido Comunista Espanhol. Veio para o Brasil em 1955, aos trinta anos, estabelecendo-se no Paraná. Aqui, filiou-se ao Partido Comunista do Brasil. Em 1964, era dono de uma livraria e fazia um programa de rádio. Por suas posições políticas, foi perseguido e ameaçado durante todo o período da ditadura. Em 1968, intensificou sua militância, somando-se ao movimento estudantil. Em 1975, foi preso e torturado pelo Departamento de Ordem Política e Social (Dops). Autor de livros e internacionalista, participou de 35 brigadas de solidariedade a Cuba – a última, dois meses antes de seu falecimento, aos 93 anos, em março de 2019.*

Com o tempo, sob pressão para desocupar as ruas, os militantes começaram a alugar terrenos e quintais para colocar as barracas de dormir e montar as cozinhas. A primeira cozinha instalada em uma dessas casas foi instalada na garagem de Regiane do Carmo Santos. Seu irmão Gelsoli, que mora no mesmo terreno, já tinha aberto sua casa para os militantes usarem o banheiro e tomarem banho. Regiane decidiu abrir a sua também. Locou a parte da frente para barracas de dormir e, depois, cedeu um espaço que foi reformado e adaptado parta se tornar a cozinha chamada de Marielle Franco.

> Minha casa passou a ser frequentada por centenas de pessoas. Gente importante, que eu nem sabia quem era. Porque eu não era nada politizada. Eu chegava na minha sala de manhã e me apresentavam o [Aloísio] Mercadante, o [Adolfo Perez] Esquivel... eu não conhecia essas pessoas. Graças ao Lula, eu cresci muito. Como mulher, como ser humano, na política. Lula foi um divisor de águas na minha vida.

Por sua colaboração com a Vigília, Regiane enfrentou a hostilidade dos vizinhos.

> Até meus netos sofreram *bullying* na escola. Acabei brigando com uma amiga que ia batizar uma das crianças.

Outra visita notável na casa da Regiane foi Maria de Jesus Oliveira da Costa, a Tia Zélia, conhecida como a "cozinheira predileta de Lula". Ela saiu de Brasília, onde desde 1998 tem um restaurante que era frequentado pelo ex-presidente, e foi a Curitiba preparar "boi ralado". Prato que leva carne moída e abobrinha, é um dos favoritos de Lula. Nesse dia, 18 de abril, ele recebeu uma marmita caprichada e um vídeo com um recado da cozinheira: "Meu querido presidente Lula, quero te dizer que estou em Curitiba, quero te deixar meu abraço. Quero te deixar meu carinho e quero te dizer que te amo muito, a tua véia te ama".

As cozinhas serviam café da manhã, almoço, lanche da tarde e jantar. Café e água estavam disponíveis o dia todo, servindo centenas de pessoas nas dezenas de eventos que disputavam a agenda: atos políticos, religiosos, oficinas de artesanato, bloco de carnaval, debates, palestras, arraial junino, música, poesia, rodas de conversa, exibição de filmes, lançamento de livros, teatro, aulas públicas. Personalidades de todos os matizes falaram no acampamento: artistas, parlamentares, sociólogos, escritores, chefs de cozinha, juristas, religiosos, presidentes e ex-presidentes de outros países, ministros e ex-ministros, jornalistas, governadores, prefeitos, sindicalistas, representantes de movimentos sociais, psicanalistas.

As barracas funcionavam a todo vapor. No quarto dia do acampamento, a barraca de filiações ao PT esgotou o estoque de fichas. Só no primeiro dia, foram 100 filiações. A barraca das doações não dava conta de receber, separar e embalar tudo que chegava. Dois containers alugados armazenavam o material. Outra barraca que vivia cheia era a que recebia cartas para Lula. Na barraca da saúde, voluntários faziam auriculoterapia e massagens. Pouco mais de um mês de acampamento, já estava funcionando em uma barraca a Biblioteca Paulo Freire, com mais de 200 volumes doados.

O jantar era a refeição mais concorrida porque muitas pessoas iam para a Vigília depois do trabalho, participar das atividades. Como o advogado paranaense Felipe Mongruel.

Aquilo foi virando um vilarejo, uma cidadezinha, a cidade de Lula.

Ele frequentou o acampamento desde as primeiras horas. Estava na porta da PF, junto com a mãe, na hora do ataque. Depois da confusão, foi para casa, onde morava com a esposa. Mas voltou no dia seguinte, e no outro e no outro. Trabalhava de dia e ia para a Vigília à noite. Às vezes, ficava até de madrugada. Ou até o dia seguinte, quando passava em casa para trocar de roupa e ir trabalhar. Até que uma manhã dessas, ao entrar em casa, encontrou suas coisas empacotadas.

Ela me mandou embora. Eu fui. Pra Vigília. E fiquei morando lá.

Felipe tem na memória momentos emocionantes das noites no acampamento:

> A gente ficava tomando chimarrão todo mundo junto, autoridades, o povo... o Patrus Ananias, o Flávio Dino, a dona Maria de Carambeí... foi maravilhoso. Quando o pessoal ia embora, dava até uma tristeza.

Ele e o amigo Felipe Eduardo Lopes, também advogado e igualmente no acampamento desde a noite de 7 de abril, não dormiam, ficavam "ajudando aqui e ali, no que fosse preciso". Uma madrugada, Mongruel estava saindo da Vigília quando passou por um policial e ouviu a frase "vamos fazer isso agora". Pensou que iam atacar a Vigília.

> Entrei rapidamente no carro, avisei um amigo que tinha ficado lá e comecei a procurar chapas de ferro para servir de escudo. Acordei um cara no Bairro Alto. Ele tinha as chapas, mas a caminhonete dele estava com o pneu furado. Fui lá com o meu carro, levei ele na

borracharia e trocamos o pneu para poder carregar as chapas. Já eram 4h30 da manhã. Como a polícia fiscalizava tudo que a gente levava para o acampamento, falamos que eram mesas.

A preocupação não era excessiva. Todas as noites, a troca da guarda dava um verdadeiro "espetáculo" de intimidação. Eles faziam de propósito, acredita Mongruel.

> Esperavam as pessoas irem dormir, ficar tudo quieto. Às vezes era um pouco antes da meia noite, às vezes um pouco depois. A gente nunca sabia exatamente. E então vinham... com oito, dez carros, motos, passando bem no meio do acampamento, as luzes ligadas, com as armas à vista.

Regina Cruz também presenciava o que considerava atos de "puro terrorismo".

> Acendiam as lanternas nos olhos das pessoas deitadas, fotografavam o povo nas barracas, um enorme constrangimento. A gente, da coordenação, tinha que acalmar, principalmente os que tinham acabado de chegar.

Muitos nem dormiam mais, com medo de uma agressão efetiva. Se não da polícia, dos muitos provocadores anti-Lula. Como aconteceu no final daquele mês, quando houve um atentado a tiros.

A vizinhança

Santa Cândida é um reduto de classe média, que em 2015 foi considerado uma opção de moradia bastante atrativa no quesito segurança, quando o bairro foi escolhido para sediar a Superintendência da Polícia Federal no Paraná. Com o início da Operação Lava Jato, o prédio da PF ganhou status de ícone do combate à corrupção, uma espécie de ponto turístico da "República de Curitiba".

Cognome recentemente atribuído à capital paranaense, República de Curitiba é um qualificativo usado tanto no sentido pejorativo quanto no sentido dignificante. Quem popularizou a expressão foi ninguém menos do que Luiz Inácio Lula da Silva. Após ter sido conduzido coercitivamente para prestar depoimento, ele disse à então presidente Dilma Rousseff, em conversa grampeada por Sérgio Moro: "Eu, sinceramente, estou assustado com a República de Curitiba. Porque, a partir de um juiz de primeira instância, tudo pode acontecer". A fala de Lula faz uma alusão à "República do Galeão", figura de linguagem criada pela imprensa na década de 1950. Era assim que os jornais se referiam aos trâmites que envolviam o inquérito policial sobre o atentado a Carlos Lacerda, crítico contumaz do presidente Getúlio Vargas.

Quem mais se apropriou do termo República de Curitiba, porém, foram os opositores do petismo. Naturalmente, preferiram adotar a conotação elogiosa. República de Curitiba, para eles, significa algo como um marco na história anticorrupção no Brasil. Em um reduto eleitoral com tradição em vencer a esquerda, a maioria da população aprovou a alcunha. Logo surgiram adesivos e camisetas estampando o novo slogan da cidade: "República de Curitiba –aqui se cumpre a lei".

Ao longo da espetaculosa sessão que votou o impeachment de Dilma na Câmara, uma acalorado "Viva a Lava Jato! Viva a República de Curitiba!" foi puxado por Fernando Francischini. O deputado, que passou por quatro partidos, até o atual Partido Social Liberal (PSL), teve a maior votação da história do Paraná, em 2018. Esse mesmo pleito também lhe rendeu dois pedidos de cassação pelo Ministério Público Eleitoral, por captação e gasto ilícito de recursos durante a campanha.

É nesse cenário que rebenta a Vigília Lula Livre, igualmente constituída por marcos simbólicos, como os sentimentos de justiça e solidariedade a um líder político que bateu o recorde de 87 % de aprovação popular. Milhares de pessoas se aglomeram, sob condições físicas e emocionais sensíveis, mobilizadas para lutar por suas

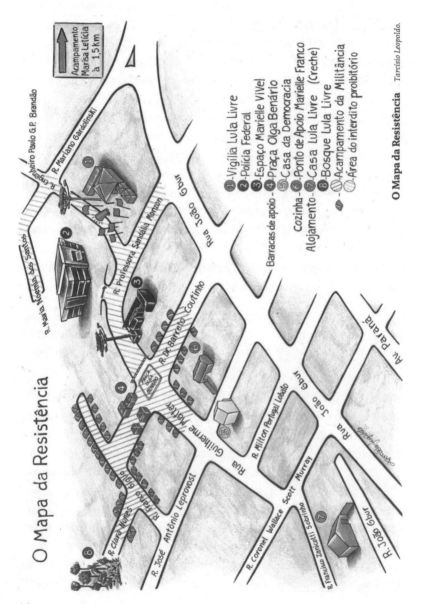

O Mapa da Resistência — Tarcísio Leopoldo.

crenças, dispostas a gerar fatos para dar visibilidade à sua causa e preparadas para resistir a qualquer confronto. Montam uma estrutura de ocupação territorial que impacta o cotidiano de dezenas de outros cidadãos, afetando seus hábitos de mobilidade e seus padrões de privacidade. O prognóstico era infalível. "Uma explosão social permanente", na opinião de Roberto Baggio, do MST.

O embate foi diário, durante cerca de cem dias. A vizinhança refletia fielmente a rachadura civilizatória que cindia o país entre direita e esquerda desde o golpe de 31 de agosto de 2016. Uma parte dos moradores reagiu para combater o que chamavam de "invasores" –em alguns momentos, até com violência física. Outra parte de moradores apoiou a Vigília, somando-se aos protestos. Durante todo o período do interdito proibitório, episódios de "amor e ódio" se alternaram no conturbado convívio entre os militantes e os proprietários das casas – algumas postas à venda meses depois da ocupação.

Houve um grande esforço, da parte dos acampados, para estabelecer uma boa relação com a vizinhança, conta Regina Cruz.

> A gente sabia que era difícil pra eles. É claro, ninguém gosta de ter um monte gente dormindo na porta de casa... e por todo aquele tempo, com tanto movimento. Nas casas que a gente sabia que era um problema, a gente tentava conversar.

Um gesto emblemático foi protagonizado pela *chef* Bela Gil, no terceiro dia do acampamento. A filha do cantor Gilberto Gil entregou a uma moradora uma cesta com produtos agroecológicos oferecidos pelo MST, estendendo a homenagem a todos os moradores. No dia 20 de maio, manifestantes passaram de casa em casa (as que atenderam a porta), entregando flores e cartas com um pedido de desculpas pelo transtorno e explicações sobre os motivos do acampamento. Houve até uma visita simbólica a um morador, pela presidente do PT, Gleise Hoffman.

Para Baggio, o mais importante, para além de falar e conversar, era fazer.

Entendemos que devemos evitar conflito, evitar confusão, ter uma relação respeitosa com os vizinhos. Tomamos todos os cuidados possíveis, deixando sempre tudo limpo, respeitando os horários de barulho. Não tinha brigas, nem bagunça no acampamento. Era proibido entrar com bebida alcoólica. E quando vinha alguém provocar, fazíamos uma barreira para impedir que o nosso povo reagisse. Nós mesmos tínhamos que fazer a segurança, porque, se dependesse da polícia, eles queriam ver pegar fogo. E uma das coisas mais bonitas foi o nosso pessoal fazendo trabalhos solidários, para melhoria do bairro.

Uma dessas intervenções urbanas aconteceu quando se completaram 113 dias da prisão de Lula. Uma brigada de militantes carpiu um terreno abandonado, recuperou uma nascente de água que havia no local e plantou um bosque com 113 mudas de espécies nativas, como pinheiros e araucárias. "Para que tenhamos futuro, plantamos árvores. Porque árvore significa projeto, aquilo que você vai construindo, e vai crescendo, até alcançar o objetivo. Estas são as sementes da democracia", disse Baggio, aquele dia, com a mão na terra. Uma moradora conhecida da turma por sua capacidade de criar encrencas apareceu de repente. Logo um coordenador se adiantou para recebê-la, já esperando mais uma sessão de reclamações. Para surpresa geral, ela deu os parabéns a todos e fez um desabafo: havia tempos estava pedindo, sem resposta, para a prefeitura limpar aquele terreno. E assim a Vigília conquistou mais uma simpatizante, que hoje frequenta os atos inter-religiosos.

Muitos não apenas simpatizaram, mas deram inesquecíveis contribuições. Um senhor permitiu acomodar os banheiros químicos junto ao muro de sua casa. Uma senhora e sua filha saíram de casa, em uma madrugada gelada, trazendo lonas para amparar as barracas do vento. Outros permitiam usar as tomadas. Ou liberavam o banheiro. Alguns cobravam pelos pequenos favores: 5 reais pelo banho; 2 ou 5 reais pelo uso do sanitário; 2 reais para carregar o celular.

Os opositores

Do lado contrário, contudo, o campo era minado. Bandeiras do Brasil penduradas na fachada deixavam bem claro por quais calçadas não era recomendável passar –tanto que os moradores isolavam suas entradas com fitas zebradas que eram respeitadas pelos acampados. Os atritos eram diários, variando de leves bate-bocas a agressões físicas. Um dia, uma senhora que regava o jardim não hesitou em dirigir o jato da mangueira sobre os acampados. "Acho ridículo estarem aqui para soltar o Lula. Não sei até onde vai isso. Vivemos como cachorro preso dentro de casa, com medo desse povo", declarou Érica Weingartner ao portal do jornal *Diário da Manhã*. Já o tio de uma moradora por duas vezes arrumou confusão com os manifestantes porque manobrou seu carro e "acabou indo em direção" e "encostando" em uma barraca –segundo consta nos boletins de ocorrência registrados na delegacia.

As queixas protocoladas nas delegacias eram de diversas naturezas: perturbação da tranquilidade, invasão da rua, intimidação, sujeira e até exposição de crianças a más condições. No processo do interdito, há dois atendimentos médicos a um morador de mais de 90 anos, diagnosticado com crise de ansiedade por conta da situação.

No dia 20 de abril, os vizinhos opositores à Vigília veicularam um abaixo-assinado que descrevia um cenário dramático, reivindicando a transferência de Lula:

> [...] animais como ratos e baratas já estão invadindo as residências dos moradores. Ocasionando problemas de saúde pra os mesmos e até para os milicianos, ou seja, virou um caso de saúde pública. Moradores relatam ameaças [...] Essas ameaças variam como xingamentos, insultos, assédios as [sic] moradoras (mulheres), ameaçam invadir residências caso não seja atendido o pedido deles como carregamento de celular, comida, água, banho, roupas e etc. [...] Sempre evitando contato o máximo possível relevando os tons humilhantes que os militantes proferem aos moradores, insultos como coxinha,

> nazista, fascista, playboy entre outros. Nota-se muitas crianças entre os milicianos, maioria doentes, estão todo esse tempo sem ir à escola, choram, pedem para ir para casa a todo momento. A poluição sonora é constante, a Lei do Silêncio não é cumprida. Durante o dia muitas pessoas trabalham nas residências e essa situação acaba impossibilitando a concentração e contatos telefônicos e pessoais com clientes. No período da noite, música, violão, gritos, piquetes, baderna. Nossa paciência com a incapacidade de reação e resolução do problema por parte das autoridades do Estado do Paraná já está deteriorando. Sentimos que qualquer morador irá perder a cabeça e o pior irá acontecer.

E aconteceu. Duas semanas depois, na manhã de 4 de maio, um homem quebrou os aparelhos de som no ato de Bom dia, presidente. Esse foi o primeiro ataque à Vigília feito pelo morador Gastão Schefer, delegado da Polícia Federal, ex-diretor da Associação dos Delegados da Polícia Federal. Ele entrou na área do acampamento aos gritos e chutou os equipamentos. Foi detido –e protegido– pelos próprios seguranças voluntários da Vigília, para não ser linchado pela multidão. Entregue aos policiais da PM que faziam a guarda da Vigília, depois de alguns minutos ele foi solto e circulava novamente no local. No 4º Distrito, os manifestantes registraram ocorrência por ameaça, crime contra a pessoa e constrangimento ilegal.

O delegado voltou à carga dias depois: foi fotografado pintando no chão "Bolsonaro 2018", sobre as palavras "Praça Olga Benário". O gesto desafiador foi apenas um entre os lances truculentos da noite de 13 de junho, incluindo protestos com fogo. O ataque aconteceu na área de concentração da Vigília, em uma clara violação à decisão judicial de que as manifestações dos movimentos contra Lula deveriam ocorrer nas ruas do outro lado do prédio da PF.

Em nota, a coordenação do acampamento denunciou:

> As organizações que estão na Vigília Lula Livre há quase setenta dias, de forma pacífica, respeitando os acordos com a Secretaria de Estado de Segurança Pública e demais autoridades, repudiam

a ação de indivíduos de extrema-direita que na noite de ontem atacaram, ofenderam e proferiram frases preconceituosas contra integrantes da Vigília. (...) A Vigília Lula Livre reafirma seu direito de fazer as manifestações respeitando o horário acordado das 9h às 19h30. O agrupamento de ontem, ao contrário, por conta de sua ação violenta, inclusive queimando pneus, acabou gerando forte barulho até depois da 1 hora da madrugada, desrespeitando o direito ao descanso e prejudicando os moradores.

Ofensivas como essa ocorriam apesar de os moradores já estarem representados no processo do interdito, por meio de uma advogada constituída, e participando de todas as reuniões para estabelecer as regras de convivência com as autoridades competentes. Ainda com a finalidade de se organizar para pleitear suas demandas, criaram, no dia 3 de junho, a Associação dos Moradores do Entorno da PF Santa Cândida.

Os solidários

Nem todos os vizinhos, no entanto, concordaram com a nova associação. Ao contrário, desautorizando aquele grupo a falar em nome de todos do bairro, outro grupo se formou e respondeu com indignação ao ataque de 13 de junho. Declarando-se moradores democráticos de Santa Cândida, e de mais alguns bairros, divulgaram um manifesto em defesa do direito à expressão. Dizia o texto:

> Alertamos para o uso do nome ´Moradores do Santa Cândida´ por um pequeno grupo que não nos representa. [...] Não somos ódio, não somos exclusão. Somos solidariedade, respeito e amor. Não cobrimos com símbolos de ódio o nome de Olga Benário, que por ser judia foi enviada –grávida– do Brasil para morrer num campo de concentração nazista. Abrimos nossas portas, nossos braços e nossos corações para aqueles que lutam por justiça social e por igualdade, nestes tempos duros de transição. Lutamos lado a lado, sem violência, agressividade ou intolerância.

Entre as assinaturas do documento, constava o nome da jornalista Lara Sfair, proprietária de um sobrado em um condomínio a 500 metros da PF. Ela foi uma das organizadoras do coletivo de vizinhos que se uniu como contraponto aos moradores contrários à Vigília.

> Eu não sou filiada a nenhum partido. Nosso grupo é apartidário. Defendemos os direitos democráticos, a liberdade de expressão. Não apoiamos os intolerantes e somos contra o fascismo.

Sua casa foi uma das que abriu as portas a militantes, jornalistas e visitantes da Vigília. Nos primeiros dias do acampamento, funcionou como um QG, que recebia doações, acolhia pessoas, apoiava as atividades. No residencial onde mora, Lara está entre a minoria simpatizante da Vigília. Ela conta que um de seus vizinhos era um crítico irredutível do acampamento. Sempre que conversavam, ele falava mal do movimento, repetindo informações que circulavam sobre a sujeira e bagunça. Um dia, ela o convidou a ir visitar a Vigília e ele aceitou.

> Passeamos pelas ruas, mostrei cada barraca, expliquei como tudo funcionava, quem fazia o quê. Ele não deu uma palavra. Saiu de lá em silêncio. Quando chegamos em casa, me disse: eu nunca vi nosso bairro tão limpo e tão organizado.

O acampamento Marisa Letícia

Na medida em que aumentavam as investidas da prefeitura e a hostilidade da sociedade, crescia a urgência de encontrar uma alternativa às vias públicas. As lideranças procuravam terrenos nos arredores, onde fosse possível instalar uma estrutura com mais proteção para as barracas de dormir. A maioria dos proprietários se recusava a locar. Finalmente, conseguiram dois lotes, um grande e um pequeno, alugados em nome de dirigentes do PT e da CUT.

Poucos dias depois, a polícia baixou no terreno menor, pronta para desalojá-los. Regina Cruz conta que tinha o contrato na mão.

> Isto é nosso. Não podem tirar a gente daqui.

No mesmo dia, lembra a coordenadora, alguns militantes também se instalaram no outro terreno, o maior. Situado na Rua João Padre Wislinski, a cerca de 1 quilômetro da PF, esse ganhou o nome de acampamento Marisa Letícia. Regina lembra que as pessoas foram para lá à tardezinha, por volta de cinco horas.

> Dali a pouco, aparece o mesmo policial que tinha ido nos intimidar no outro terreno, algumas horas antes. E eu mostrei outro contrato. Imagine a cara dele!

Os primeiros ocupantes do acampamento Marisa Letícia chegaram já noite alta, após viajar mais de 1.600 quilômetros, vindos do Vale do Jequitinhonha, em Minas Gerais. Era uma caravana de militantes do Movimento Atingidos por Barragem (MAB). Quando desceram do ônibus, o mato batia no joelho. Era preciso dar um jeito de acomodar as pessoas até o dia clarear. O pessoal começou a ceifar e limpar um canto para montar provisoriamente uma barraca de dormir e uma cozinha.

O motorista olhou em volta e chegou a uma conclusão.

> Só o Lula mesmo pra fazer a gente encarar isso!

Fincado literalmente à beira de uma via movimentada, o Marisa Letícia não dispunha das condições de segurança, nem de proteção de órgãos públicos necessárias para enfrentar o rancor da população contra os manifestantes. Sem grades ou muros em volta, o acampamento foi alvo fácil de diversos ataques, intimidações, provocações de agressores que passavam xingando, fazendo ameaças. O caso mais grave aconteceu às 4h da madrugada do dia 28 de abril, deixando dois feridos, um deles com um tiro no pescoço.

Jefferson Lima de Menezes, presidente do Sindicato dos Motoboys do ABC paulista, estava na função de segurança, nessa noite. Uma pessoa se aproximou a pé e fez vários disparos –seis cápsulas de pistola 9 mm foram encontradas pelo chão. Um dos tiros atingiu Jefferson no pescoço – por sorte, de raspão. Outra bala estourou um banheiro químico e os estilhaços feriram uma militante que dormia. Depois desse atentado, a coordenação do acampamento exigiu dos órgãos públicos medidas efetivas de segurança e adquiriu um circuito de câmeras para apoiar a vigilância. A secretaria de Segurança colocou viaturas para fazer a guarda da rua. Nem isso bastou: outras agressões foram gravadas nos dias que se seguiram. A prefeitura, por sua vez, engrossou o coro dos moradores no pedido de transferência de Lula.

O acampamento Marisa Letícia fez parte do conjunto de espaços sob a responsabilidade da Vigília Lula Livre até o dia 16 de maio, quando a coordenação avaliou que era preciso deixar aquele local, não apenas pela violência, mas pelas condições climáticas. As temperaturas já baixavam para 11 graus. Nos próximos dias, a previsão era de baixar ainda mais, para 3 e 2 graus. Em nota, a coordenação informou que "disponibilizou um novo espaço, localizado mais próximo da Vigília, e mais adequado para proteger as pessoas do inverno e da chuva típica desta época do ano".

Um grupo de militantes responsável pelo dia a dia no Marisa Letícia discordou dessa decisão. Houve um racha entre as lideranças. A Vigília transferiu alguns acampados para uma casa e depois os acomodou definitivamente em uma antiga creche desativada, que passou a se chamar Casa Lula Livre. O acampamento Marisa Letícia continuou com os que quiseram permanecer, mas de forma independente da Vigília. Após cinco meses, novo desentendimento: a então coordenadora decidiu abrir mão do espaço físico e fazer do acampamento Marisa Letícia uma mobilização digital, criando uma página no Facebook e programando atividades itinerantes pelo país.

No dia 1º de novembro de 2018, uma nota oficial assinada pelos coordenadores informou que

> por medida de segurança (uma vez que já sofremos 7 atentados e respondemos a quatro processos judiciais, ainda hoje sofremos diversas ameaças) e por cortes de gastos e também por número reduzido de pessoas, o acampamento opta em transformar a luta do espaço físico fixo para uma luta itinerante e virtual. Sem nenhum apoio da segurança pública fica inviável colocar a vida dos acampados em risco sabendo que há outras formas de manter ou até intensificar a luta pela liberdade de Lula.

A curitibana Alba Valéria Cordeiro "Camarada", no acampamento desde o 17º dia, é uma das personagens da Vigília que esteve presente durante todo o período do acampamento Marisa Letícia. Militante fundadora do PT, com experiência na área administrativa corporativa, hoje atua em várias frentes, da segurança à recepção aos visitantes. Amante da fotografia, dispõe de um respeitável acervo de imagens do acampamento. Quando o Marisa Letícia foi desativado, Alba estava entre o grupo que se mudou para a Casa Lula Resistência e Luta, fundada no imóvel onde havia funcionado a Casa da Democracia. Hoje ela mora na Casa Lula Livre, que abriga as caravanas do MST visitantes da Vigília.

> Foi uma experiência que nos ensinou muito, apesar dos problemas do dia-a-dia, que existem qualquer organização. As diferenças fazem parte do processo de amadurecimento do movimento. A gente convive em nome de uma causa maior.

A Casa da Democracia

A Casa da Democracia foi o QG da comunicação do acampamento nos primeiros dias da Vigília. As paredes forradas de bilhetes e cartazes se tornaram "a cara" do espaço, que agregava quase 50 coletivos de mídia. A ideia partiu de quatro veículos da imprensa progressista: *Revista Forum*, portal *Outras Palavras*, *Rede Livre* e *Mídia Ninja*.

No dia 11 de abril, lançaram uma campanha de financiamento no site Vakinha. Uma semana depois, foi atingida a expectativa inicial de arrecadação de R$ 20 mil, que seriam usados para locar uma sede e cobrir as despesas de manutenção para dez pessoas, durante um mês. Animados com o resultado, os organizadores decidiram dobrar a meta, que também foi alcançada no mesmo período de tempo – e até superada, totalizando de R$ 41.597,49 doados por 600 colaboradores.

"Bunker de resistência frente à mídia golpista", como descrevia a proposta do projeto, o sobrado amarelo na Rua José Antônio Leprevost oferecia hospedagem, alimentação e internet gratuita aos midiativistas. A uma quadra da Praça Olga Benário, a casa foi montada com doações de móveis, colchões, utensílios e da maioria dos equipamentos. A Mídia Ninja era responsável pela gestão, mas todas as tarefas cotidianas eram feitas colaborativamente, por quem estivesse desfrutando da casa.

Em duas semanas de funcionamento, foram cadastrados 400 profissionais para utilização da estrutura e 30 hóspedes. Bianca Lima, do coletivo Fora do Eixo, chegou no dia 1º de maio e ficou por 122 dias, atuando na equipe de coordenação. "Era um espaço aberto, que recebia jornalistas e visitantes. Todo mundo que entrava queria registrar a presença ou deixar uma mensagem a Lula", conta.

A programação da Casa da Democracia não só acompanhava a movimentação no acampamento, mas colocava em pauta temas para reflexão. Neudicleia Oliveira, do Movimento dos Atingidos por Barragens (MAB), integrou o coletivo de comunicação da Vigília desde o início e ajudou a constituir a proposta colaborativa.

A Casa possibilitou a unidade entre a comunicação de esquerda e representou uma proposta concreta para a democratização dos meios de comunicação.

Inaugurando a página do Facebook, dia 27 de abril, a galera postou fotos da primeira faxina geral no imóvel. Menos de 24 horas depois, já foi ao ar o primeiro programa da série Democracia em Rede, que era transmitida todos os dias, às 14h. Sentados nos bancos de madeira da sala-estúdio da Casa estiveram, entre outros, Aleida Guevara, Celso Amorin, Danny Glover, Monja Coen, Lucélia Santos.

A primeira entrevista, com Carmen Foro, trabalhadora rural e vice-presidente da CUT Nacional, foi mediada pelo jornalista Pedro Carrano, coordenador estadual do jornal *Brasil de Fato* (*BdF*) e militante da Consulta Popular. Ele também foi o responsável pela Rede Lula Livre, rádio ligada ao *BdF*, que fez uma parceria com a Casa da Democracia e instalou um estúdio no andar debaixo do sobrado. A rádio fez uma transmissão de inauguração nas comemorações do dia 1º de maio, sustentado seis horas de programação ao vivo. Mas passou a entrar no ar regularmente, de segunda a sexta, às 9h45, a partir de 14 de maio.

Estudioso dos movimentos sociais da América Latina, Carrano hoje faz parte do coletivo de comunicação da Vigília, onde lançou um de seus livros, "História da Comuna de Oaxaca". Ele acompanhou o acampamento desde o início. Foi um dos coordenadores de um setor altamente sensível, que diariamente atendia uma enorme demanda de imprensa de todos os cantos do país e do mundo.

Era um desafio manter a organização de algo tão espontâneo, em meio a um fato político tão efervescente. As pessoas chegavam querendo fazer alguma coisa, com a vontade de se sentir parte da resistência.

Hoje, em um cenário bem mais tranquilo, Carrano ainda atua na equipe de comunicação e faz imagens da Vigília para o jornal Brasil de Fato - *BdF* todas as quintas-feiras.

A Casa da Democracia operou, até agosto de 2018, sob a gestão da Mídia Ninja. Tentou-se um novo financiamento coletivo, para prorrogar o projeto, sob o comando do MST, mas não houve êxito. Com o encerramento do núcleo de comunicação no espaço, o imóvel se transformou na Casa Lula Resistência e Luta, mantida mais

Áurea Lopes

alguns meses pelo grupo de militantes que saiu do Marisa Letícia, até fevereiro de 2019.

A rua

LULA É PRESO POLÍTICO
A LUTA POR SUA LIBERDADE
É PELA DEMOCRACIA
#LulaLivre
#MarielleVive
Guilherme Bordas

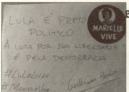

LONDRINA PR
MEU QUERIDO PRESIDENTE
LULA
VC É FODA!!
AROLDO VAZ

LONDRINA PR
MEU QUERIDO PRESIDENTE
LULA
VC É FODA!!
AROLDO VAZ

L uz do povo
U nião
L iberdade
A mor
L iderança
I rmandade
V ida
R espeito
e spiritualidade

Com muito axé da mara fierguera

FILHAS DE Oyá
QUEREM
LULA LIVRE

LULA VALE
A LUTA
LULA VALE UMA
REVOLUÇÃO
GARBA

Lula, vou tirar
você daí. Te levar
para os braços
do povo.
21/01/19 FERNANDO E BEL

Quem não gosta
de Lula
bom sujeito
não é!
É ruim da cabeça
e doente do pé!
Beijos da flor

PRESIDENTE,
É muito ♥ bom
estar do lado certo
da HISTÓRIA! Estou com
LULA, portanto! Valquíria
27/6/2018 Capila

Lula, em breve
voltaremos aqui
prá comemorar a
sua liberdade!
minas presente!

A rua

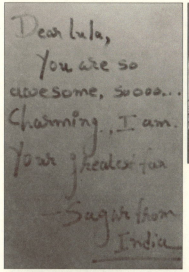

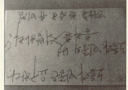

61

Áurea Lopes

Linha do tempo jurídica

O interdito

No final da tarde do dia 7 de abril, enquanto Lula tentava sair do Sindicato dos Metalúrgicos do ABC para se entregar à polícia, a prefeitura de Curitiba protocolou pedido de um Interdito Proibitório, requerendo o afastamento dos manifestantes do entorno da sede da Superintendência da Polícia Federal (PF) no Paraná. O Tribunal de Justiça do Paraná concedeu a liminar, em menos de uma hora, sem ouvir as organizações envolvidas. Mais do que isso, estendeu algumas restrições a todas as ruas e praças cidade.

A partir daí, uma batalha jurídica foi travada entre a prefeitura, o Acampamento da Vigília Democrática Lula Livre e moradores locais.

Depois de muitos conflitos nos primeiros dias da ocupação das ruas, o Ministério Público do Paraná atendeu a pedido do PT e promoveu um acordo entre as partes. No dia 16 de abril, estabeleceu-se a desocupação de alguns espaços, ao mesmo tempo em que foi mantido o direito de manifestação popular, com restrições. "Fato inédito. Nunca tinha visto isso em 35 anos de carreira", conta Daniel Godoy, um dos advogados do PT na causa.

A pressão, no entanto, continuou. Moradores descontentes registraram ocorrências e fundaram uma associação com o propósito de fortalecer sua representatividade para pressionar o poder público. Organizações citadas no processo, CUT e PT rebateram as acusações e contestaram o interdito. Moradores favoráveis à Vigília Lula Livre também constituíram uma advogada para representá-los nos autos.

Para cumprir o acordo, os militantes reorganizaram suas estruturas – ao mesmo tempo em que buscavam alternativas para manter o movimento em terrenos particulares. Após três meses de embates, o acampamento saiu das ruas. A Vigília Lula Livre passou a funcionar em sede própria, a poucos metros da sede da PF. Mesmo assim, as investidas para acabar com a Vigília continuaram.

7 de abril de 2018 Às 18h13, o município de Curitiba protocola um Interdito Proibitório (Processo 0008301-46.2018.8.16.0013) contra "manifestantes, curiosos, integrantes de movimentos sociais e demais cidadãos", requerendo proibição a que se estabeleçam "nas vias de acesso e entorno da sede da Superintendência da Polícia Federal no Paraná [...], permitindo inclusive ação policial no sentido de se liberar a circulação em tais vias".

O Tribunal de Justiça (TJPR) concede liminar determinando que "se abstenham de transitar nas áreas descritas na inicial, não impeçam o trânsito de pessoas e coisas na mencionada área, bem como se abstenham de montar estruturas e acampamentos nas ruas e praças da cidade, sem prévia autorização municipal e nos termos da legislação vigente".

Às 21h45 assinam o Interdito Regina Cruz (CUT-PR), Florisvaldo Fier (PT-PR), Thiago Francisco M. Branco (Movimento Curitiba contra a Corrupção), Ari Cristiano Nogueira (Movimento Brasil Livre-MBL) e Bruno Kaiser (UF-PR Livre).

8 de abril de 2018 Advogados do CAAD elaboram um *habeas corpus* coletivo, impetrado ainda no plantão judiciário, uma vez que a ação do Interdito foi inicialmente ajuizada em face de "Movimentos e Indivíduos Indeterminados". O *habeas corpus* foi negado.

A ação do Interdito é distribuída à 3ª Vara da Fazenda Pública de Curitiba.

12 de abril de 2018 Uma moradora registra o primeiro Boletim de Ocorrência (B.O.) por perturbação da tranquilidade, declarando que "foi coagida por vários manifestantes, quando seu tio foi manobrar o carro para sair da garagem" e "acabou indo em direção a uma barraca que está no meio da rua". Os manifestantes alegam que o morador "jogou o carro sobre a barraca".

13 de abril de 2018 O município de Curitiba alega que o Interdito está sendo desrespeitado e pede aplicação de multa diária de R$ 500 mil às organizações do Acampamento.

O Ministério Público entra na ação como agente fiscalizador. Dois vizinhos registram B.O.s relatando que "manifestantes do PT, CUT e MST estão invadindo a rua onde moram" e relatando "perturbação do sossego, barulho o dia todo, à noite é festa com bebidas alcoólicas e drogas".

14 de abril O MBL informa que a pessoa notificada no Interdito, na noite de 7 de abril, não pertence ao movimento e requer sua exclusão da organização do processo.

O Movimento Curitiba contra a Corrupção requer sua exclusão da organização do processo.

16 de abril de 2018 Um acordo extrajudicial é pactuado por autoridades estaduais e municipais, Ministério Público, OAB-PR e representantes dos manifestantes. Fica estabelecido que:

- » para retirada do acampamento do entorno da PF, o município cede aos manifestantes parte da área do Parque Atuba;
- » o movimento poderá transferir o acampamento para uma área particular, às suas expensas;
- » o uso de equipamentos de som será permitido até 19h30;
- » Um B.O. é registrado por moradora, que alega estar sendo "perturbada por manifestantes do PT que estão acampados na região", que "os mesmos tiram fotos da suas casa, ficam intimidando e ofendem verbalmente" e que nesse dia ela e seu tio, ao sair de carro, "acabaram encostando numa barraca de comida e foram hostilizados novamente".

20 de abril de 2018 Um abaixo-assinado dos moradores pede a transferência de Lula da carceragem da PF.

23 de abril de 2018 Uma carta dos moradores à governadora do Paraná, Cida Borghetti, pede providências para a retirada dos manifestantes.

24 de abril de 2018 O Movimento Curitiba Contra a Corrupção (MCCC) requer a anulação do acordo, sob alegação de que não está sendo cumprido.

27 de abril de 2018 Um atendimento médico a morador na Ecco-Salva registra como diagnóstico "crise de ansiedade". A anamnese descreve: "Paciente reside em local onde o MST está fazendo protesto de apoio ao Lula".

30 de abril de 2018 Um morador registra B.O. relatando que às 9h30 "foi pedir para que parassem de apitar devido a seu pai ser um senhor de idade (92 idade), ser deficiente auditivo e faz uso de aparelho", tendo sido "hostilizado e caluniado".

3 de maio de 2018 Uma moradora registra B.O. alegando que "manifestantes do PT, CUT e MST estão invadindo a rua onde mora" e relatando "perturbação do sossego, barulho o dia todo, à noite é festa com bebidas alcoólicas e drogas". O boletim diz ainda que "está tendo agressão verbal, os militantes estão coagindo os moradores, não podendo dar entrevistas, falar com a imprensa para mostrar a situação e sair de casa". A moradora relata que "os manifestantes urinam e defecam na rua", "que está tendo proliferação de ratos e moscas".

4 de maio de 2018 A prefeitura notifica o descumprimento do acordo e exige a cobrança da multa, alegando existir "duas tendas a mais do que o previsto" e a "transmissão de mensagens sonoras em 28 dB acima do acordado"

Após denúncias de moradores, a Secretaria Municipal do Meio Ambiente realiza vistorias no local e apresenta relatório atestando níveis de pressão sonora acima dos permitidos. Um morador registra um B.O. relatando que "foi ofendido pela rede social Facebook".

Um atendimento médico a morador na Ecco-Salva registra como diagnóstico "crise de ansiedade". A anamnese descreve: "Paciente refere dor torácica inespecífica. Nega náuseas, vômito, nega sudorese ou palidez. Refere ansiedade pois está próximo à Polícia Federal. Nega alterações de eliminações, nega alterações alimentares".

7 de maio de 2018 A advogada dos moradores contrários à Vigília solicita o bloqueio judicial de R$ 11.500.000,00 das contas bancárias ligadas aos signatários do acordo.

A CUT-PR impugna o relatório de excesso de ruído alegando que "não foram indicados os equipamentos adotados na aferição do nível de ruído, muito menos quais os critérios adotados no procedimento".

As partes envolvidas no processo se reúnem Secretaria de Segurança Pública para discutir o cumprimento do acordo.

14 de maio de 2018 O juiz da 3ª Vara anula o acordo "porque não houve homologação judicial" e determina uma diligência para averiguar se a liminar do interdito está sendo cumprida.

28 de maio de 2018 O PT registra que "peticionou em duas oportunidades requerendo a designação de audiência de conciliação entre as partes, a fim de que fosse celebrado acordo judicial, o que restou indeferido pelo magistrado".

O juiz da 3ª Vara indefere o pedido do PT para realizar audiência de conciliação para reconhecimento do acordo, notifica o governo do estado e demais autoridades de que a liminar não está sendo cumprida e pede auxílio de força policial.

30 de maio de 2018 O PT entra com recurso no Tribunal de Justiça. O desembargador do TJPR defere em parte, determinando que:

- » as reuniões/manifestações somente poderão ocorrer nos finais de semana (sábados e domingos), com duração máxima de 06 (seis) horas, não podendo ter início antes das 9h nem fim após às 19h, devendo os manifestantes desocuparem integralmente o local dentro do horário limite;
- » as reuniões deverão ter um intervalo mínimo de duas semanas entre uma e outra;
- » o espaço físico para sua realização deve ser limitado às ruas que circundam a Superintendência da Polícia Federal; caso utilizados alto-falantes, amplificadores de som ou aparelhos similares, eles deverão ser alocados a no mínimo 100 metros de distância do edifício da Superintendência, estabelecido o limite de 65dB como nível máximo de pressão sonora;
- » poderão os movimentos eventualmente instalar barracas ou tendas no local, com o único propósito de atender momentaneamente à reunião, devendo retirá-las tão logo ela for encerrada.

3 de junho de 2018 Moradores contrários à Vigília criam a Associação dos Moradores do Entorno da PF Santa Cândida

8 de junho de 2018 A CUT contesta a ação do Interdito.

11 de junho de 2018 O município de Curitiba requer a inclusão de outros movimentos no processo - Sindipetro, Sindicato dos professores de ensino do estado de São Paulo, Movimento dos Trabalhadores Rurais Sem Terra, PCdoB e Associação Moradia Popular de Curitiba.

13 de junho de 2018 O PT contesta a ação do interdito.

14 de junho de 2018 A Procuradoria Geral do Município requer "a retirada imediata de qualquer estrutura dos movimentos réus existente nas vias públicas e calçadas no entorno da Polícia Federal" e o restabelecimento da proibição total de reunião do movimento.

20 de junho de 2018 Um oficial de justiça certifica que permanecem nas ruas duas tendas brancas e 2 guarda-sóis e dezenas de cadeiras plásticas de cor branca.

16 de julho de 2018 Em audiência pública convocada pelo Tribunal de Justiça, por solicitação do PT, o juiz avalia que, "diante da questão posta a exame, que via muito além do exame da tutela possessória do direito civil, passando por questões afetas a direitos individuais e coletivos, não apenas dos manifestantes, mas também das pessoas afetadas pelas manifestações (...) aliado ao fato de que o agravante, a Central Única dos Trabalhadores (CUT) e demais movimentos sociais interessados possivelmente não têm o controle da totalidade das pessoas que comparecem ao local (há por certo simpatizantes, curiosos etc.), parece-me que a prolação de decisões de cunho mandamental/proibitivo, determinando ouso da força policial, ao menos nesta quadra procedimental, deve ser evitada, até porque ainda há espaço para diálogo".
Ficam acordados os seguintes pontos:

- » as manifestações de bom dia / boa noite Lula devem acontecer nos horários de 9h a 9h30 / 17h a 17h30, na praça Olga Benário, sem uso de equipamentos de som e sem fogos de artifício;
- » não são permitidas manifestações na via pública nos finais de semana;

» não são permitidas manifestações nas ruas fora do horário de bom dia e boa noite Lula.

O Coletivo de Vizinhos pela Democracia do entorno da Polícia Federal, representado pela advogada Tânia Mandarino, se habilita nos autos e participa da audiência.

17 de julho de 2018 Um oficial de Justiça faz uma diligência no local do Acampamento e constata que "os ocupantes (manifestantes, simpatizantes, apoiadores etc.) que se encontravam no cruzamento das Ruas Dr. Barreto Coutinho e Guilherme Matter, de forma espontânea e sem uso de força policial, retiram-se do local, levando seus pertences (tendas, cadeiras, mesas etc.) para local de seu interesse, desobstruindo as vias públicas. Portanto, a ordem liminar fora cumprida".

21 de março de 2019 Um grupo de policiais militares fortemente armados fez uma tentativa de despejo da Vigília com ameaça de prender integrantes da coordenação. Acompanhados da advogada da Associação de Moradores contrários à Vigília, os policiais chegaram no momento do Boa Noite e encontraram um grupo de 11 juízes que participava da atividade. Sem mandato judicial, foram confrontados pelos juízes e em seguida dispensados, com a chegada ao local de um major da PM.

4 de abril de 2019 Em vista a aproximação das manifestações por se completar um ano de prisão de Lula, as organizações da Vigília comunicam o juiz da 3ª Vara que, "com base na preocupação de que haja um transborde dos limites físicos do imóvel ocupado pela Vigília, especificamente em alguns horários no dia indicado, de forma ainda a demonstrar respeito à ordem judicial, evitando-se ainda qualquer prejuízo ao cumprimento desta [...]" e que "promoveram as comunicações devidas", tanto ao secretário da Segurança Pública quanto ao secretário da Chefe da Casa Civil, com o roteiro e horários da programação. O ato, com milhares de pessoas, foi realizado sem qualquer incidente, e sob forte supervisão policial.

4 de setembro de 2019 A prefeitura de Curitiba entra com agravo de instrumento contra a decisão que garantia o funcionamento do acampamento Vigília Lula Livre. O pedido de "restabelecimento da proibição total de reunião do movimento", sob alegação de "perturbação do sossego", foi negado pelo TJPR.

Galeria de fotos

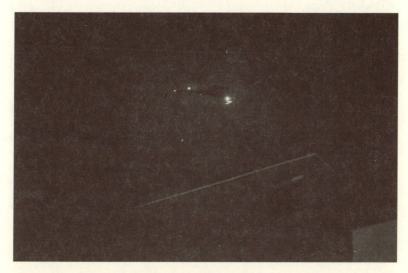

Chegada de Lula à sede da Polícia Federal em Curitiba *Gibran Mendes*

Porta da PF na chegada de Lula *Gibran Mendes*

Bombas atiradas de dentro da Polícia Federal sobre a multidão na porta
Gibran Mendes

Pessoas atingidas pelo ataque a bombas *Gibran Mendes*

Galeria de fotos

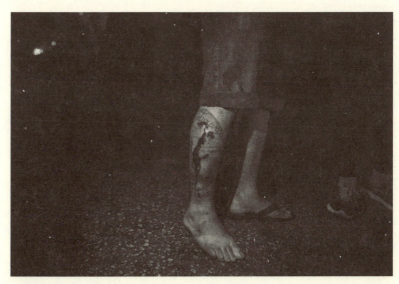

Ferido no ataque da PF *Gibran Mendes*

Florisvaldo Fier, Dr. Rosinha, então presidente do PT no Paraná *Gibran Mendes*

Áurea Lopes

Cerco na área do Interdito *Gibran Mendes*

Ruas evacuadas com ataque a bombas *Gibran Mendes*

Galeria de fotos

Primeira assembleia realizada na rua *Gibran Mendes*

Bom dia na rua *Gibran Mendes*

Áurea Lopes

Ocupação na rua   *Gibran Mendes*

Barracas de dormir   *Gibran Mendes*

Movimento na rua *Gibran Mendes*

Linha do interdito *Gibran Mendes*

Barraca da coordenação *Gibran Mendes*

Barraca de cartas *Gibran Mendes*

Galeria de fotos

Barraca de doações *Gibran Mendes*

Maiara Oliveira dos Santos, da UJS *Giorgia Prates*

Batista do megafone *Gibran Mendes*

Cozinha na rua *Gibran Mendes*

Galeria de fotos

Cozinha na rua *Gibran Mendes*

Casa de Regiane do Carmo Santos, que abrigou barracas e a cozinha Marielle
Gibran Mendes

Áurea Lopes

Primeiro show Ana Cañas *Gibran Mendes*

Biblioteca na rua *Gibran Mendes*

Galeria de fotos

Casa da Democracia *Gibran Mendes*

Acampamento Marisa Letícia *Gibran Mendes*

José Mujica, ex-presidente do Uruguai *Gibran Mendes*

Pedro Carrano, militante da Consulta Popular e jornalista do Brasil de Fato
Gibran Mendes

Galeria de fotos

Praça Olga Benário *Ricardo Stuckert*

Frei na Praça Olga Benário *Gibran Mendes*

A Vigília

Lula

Seis passos. Quatro segundos. Uma rua estreita onde passa apenas um carro. Isso era tudo o que separava a Vigília Lula Livre, sediada na Rua Profa. Sandália Monzon, nº 164, da Superintendência da Polícia Federal, sediada na mesma rua, nº 210. Depois da batalha física e judicial, que começou com bombas atiradas nas pessoas para mantê-las a cerca de 300 metros de distância, os militantes conseguiram alugaram um terreno às barbas da polícia. Amparados pela lei e com contrato registrado em cartório, orgulharam-se de figurar entre os vizinhos mais próximos de Lula.

A poucos metros da base oficial da militância, na sala especial do 4º andar da PF, Lula era guardado por dois policiais federais. Ao lado da porta –que não podia ser trancada, por um direito de ex-presidente determinado por lei– os agentes tinham à disposição dois sofás e uma TV. Quando alguém chegava, um deles batia e chamava.

> Presidente?
> Hã?
> O doutor Luiz Greenhalgh...
> Pode entrar.

Todos os dias, de segunda a sexta, dois advogados despachavam com o ex-presidente. Um deles ficava por uma hora, pela manhã. O outro também ficava uma hora, durante a tarde. Mas todos os advogados constituídos no processo podiam vê-lo, sem restrições. Exceto aos finais de semana, quando não era permitido entrar ninguém. Às quintas-feiras, o dia era cheio. Primeiro chegavam os familiares e, depois deles, os demais visitantes, que eram agendados por assessores de Lula.

As visitas eram recebidas na cela, um quarto de 15 m2, incluindo o banheiro com chuveiro elétrico. Os móveis eram simples: uma cama, um armário para roupas, um aparador que sustentava uma TV de tela plana aos pés da cama, uma mesinha onde ficava a cafeteira elétrica na qual Lula fazia café para suas visitas. "Eu faço meu café porque sou bom nisso", disse ele a Edvaldo de Medeiros, quando o juiz federal o visitou, representando um grupo de 11 juízes que aguardavam no saguão da PF. Completavam o mobiliário uma mesa de jantar de plástico rígido com 4 cadeiras e uma esteira rolante. Manoel Caetano é um dos advogados que estavam com Lula todos os dias.

> O presidente gostava de trocar as coisas de lugar. Uma hora a cama estava de um lado, depois ele mudava para outro... Eu digo que ele tem um quê de decorador.

Na parede do fundo, de frente para a porta, duas janelas modelo maxim-ar abrem 30 graus para fora, na direção da rua Sandália Monzon. De lá, não dava para ver a Vigília, mas era possível enxergar a copa da frondosa araucária que existe no centro do terreno.

Era essa árvore que amparava o placar rigorosamente atualizado com o número de dias da resistência. O mesmo tempo em que os militantes repetiam, a cada bom dia, a cada boa tarde e a cada boa noite, que Lula era inocente. E dali não arredaram pé, enquanto ele não foi libertado.

Na primeira fase, foram cerca de três meses acampados na rua, respeitando o limite geográfico imposto pela Justiça. O embate era diário: ataques, conflitos, pressão, o inverno curitibano congelando as madrugadas. Motivos mais que suficientes para sair das ruas. Mas havia mais um: a efetivação da cobrança da multa de 500 mil reais por dia, estabelecida pelo juiz do interdito, se tornava cada vez mais concreta, como conta Florisvaldo Raimundo de Souza, o Floris, dirigente do PT.

> A busca por locais para tirar as pessoas das calçadas e acomodar as barracas de modo mais adequado era uma prioridade. Mas as pessoas não estavam dispostas a alugar para uma organização política.

Muitos militantes ajudavam a procurar terrenos. Logo que viram a placa de aluga-se naquela esquina, onde antes havia um estacionamento, fizeram contato com a imobiliária. Foram dois meses de negociação. Zuleide Maccari, tesoureira do diretório estadual do PT, e responsável pelas finanças da Vigília, conta que inicialmente tentaram dizer que a locação seria para uma escola, para um parquinho infantil, depois para um estacionamento. Nada vingava.

> Um dia eu disse ao Floris: vamos abrir o jogo!

Contaram que o aluguel seria para uma organização política que iria criar um espaço de convivência para funcionar enquanto Lula estivesse preso. O proprietário aceitou. O imóvel foi alugado em nome de Floris e de Zuleide, ao valor de 2.600 reais por mês, durante um ano –e em julho 2019 foi renovado por mais um ano.

A partir desse momento, começou a segunda fase da Vigília. Os manifestantes tiveram o gostinho de se instalar exatamente dentro do perímetro do interdito. Mas sem infringir a lei. Como "legítimos moradores do bairro", brinca Roberto Baggio, do MST.

> Demos um salto de qualidade. Ganhamos tranquilidade para consolidar um processo político de ocupação e manifestação popular. E, o melhor, como vizinhos do presidente –o que, para nós, camponeses, tem um significado especial. A ideia de vizinho de lote é muito forte, vem carregada de simbolismo, representa união e companheirismo.

Regina Cruz lembra que foi "uma festa".

> A gente nem acreditava!

Não só eles. Ninguém acreditava. Muito menos a PM, que baixou rapidinho no pedaço, na certeza absoluta de se tratar de uma invasão. "Vocês não têm mandato do juiz para ficar nesse lugar", intimidou o guarda. "Nós temos um contrato de locação. O senhor é que precisa de um mandato para entrar aqui", rebateram os militantes. Regina conta que também chegou no terreno um senhor, de jeans e tênis, fazendo perguntas:

> O que vai ser aqui agora? Vocês alugaram esse terreno?

Finalmente vendo uma possibilidade de dias mais tranquilos, depois de tanta pressão, ela desabafou, com lágrimas nos olhos, e desconcertada por estar tão emocionada diante de um desconhecido.

> Sim, nós alugamos. Os vizinhos não disseram que a gente ia ser varrido daqui? Pois nós conseguimos! Agora vamos ficar, é nosso direito!

Nesse mesmo dia 16 de julho de 2018 estava marcada para a tarde a audiência pública mediada pelo Tribunal de Justiça. Quando entrou na sala, Regina viu o homem que tinha estado no terreno pela manhã, à paisana, de tênis e moletom. Era o desembargador Fernando Paulino da Silva Wolff Filho, juiz da ação.

Ele ouve tudo

Com endereço fixo –e justamente "aquele" endereço fixo– muita coisa seria diferente na Vigília. Até o coro do bom dia, que não precisava mais de equipamentos eletrônicos para alcançar seu principal ouvinte. Um simples megafone dava conta do recado. E essa é primeira pergunta que a grande maioria dos visitantes da Vigília fazia. Será que Lula ouve esse bando de gente gritando e cantando? A resposta é: sim. Ele próprio garantiu e deu a dimensão do quanto valorizava esse movimento.

Eu ouvi o que vocês cantaram. Estou muito agradecido pela resistência e presença de vocês neste ato de solidariedade. Tenho certeza que não está longe o dia em que a Justiça valerá a pena.
(Primeiro bilhete endereçado à Vigília, entregue por um advogado à presidente do PT, Gleise Hoffman, dia 16 de abril de 2018).

Vocês são o meu grito de liberdade todo dia. Se eu não tivesse feito nada na vida, e tivesse construído com vocês essa amizade, já me faria um homem realizado. Por vocês valeu a pena nascer e por vocês valerá a pena morrer.
(Mensagem à Vigília, entregue por Márcio Macedo, vice-presidente do PT, dia 19 de abril de 2018).

Quarta-feira tenho depoimento e as mentiras continuam. Agora é uma chácara que não é minha, depois o terreno do Instituto que não é do Instituto e, assim, de mentira em mentira eu vou sendo julgado. Vocês são minha resistência.
(Carta a Neudicleia de Oliveira, da coordenação nacional do MAB e integrante da equipe permanente da Vigília Lula Livre, dia 10 de novembro de 2018).

Para amigos, Lula até confessou, brincando: "O som é melhor quando tem algum evento e eles usam alto-falantes". No ato que marcou um ano da prisão, ele dirimiu todas as dúvidas: "Ouvi tudo, os discursos, as músicas... até os palavrões da Ana Cañas!".

O intercâmbio entre a Vigília e Lula era constante e intenso. Os advogados costumavam passar pela Vigília antes de entrar na PF. O ponto de encontro era um pequeno trailer amarelo em frente ao prédio, onde funciona uma lanchonete. Lá almoçavam lado a lado militantes e lideranças de esquerda, delegados, advogados, funcionários da polícia, seguranças de autoridades. Eduardo Zambrano, o proprietário, conta que nunca houve qualquer episódio de constrangimento.

> O pessoal da Vigília era muito pacífico. Mesmo no início, quando a situação era mais tensa, eles sempre tentavam apaziguar os ânimos, se houvesse alguma provocação.

Minutos antes do horário de visita da Lula, podia-se encontrar em uma das mesas, por exemplo, o prêmio Nobel da Paz, Adolfo Perez Esquivel, tomando café e comendo bolachinhas, enquanto um advogado recebia uma sacola cheia de coisas para levar ao ex-presidente.

Grande parte eram prendas oferecidas por simpatizantes, pelas caravanas: artesanato, livros, guloseimas, mantas, gorros de lã, agasalhos. Na cela, Lula tinha um "altar" com imagens presenteadas, das mais diversas crenças religiosas, de Buda aos Orixás. Eram comuns também os pedidos para ele assinar camisetas, bonés, bandanas, bandeiras. Ele tinha até canetas especiais para tecido. Na saída, o advogado da vez devolvia as peças autografadas, para alegria dos donos. Lula assinava tudo o que pediam.

> Às vezes, era ele quem mandava os presentes, conta Manoel Caetano.

> Outro dia me entregou uma caixa de bombons italianos e disse que era pra levar para o pessoal da Vigília.

Regina Cruz diverte-se lembrando do dia do aniversário da filha de Lula, Lurian.

> Teve festa lá na PF. E ele mandou bolo aqui pra nós.

Esse leva-e-traz inclui as centenas de cartas que, desde o primeiro dia, as pessoas deixavam na Vigília. Havia uma barraca exclusiva para essa finalidade no acampamento. A princípio, tudo era encaminhado ao destinatário. Com o tempo, porém, foi instituída uma triagem para preservar Lula, de acordo com Regina.

Havia algumas cartas muito tristes. Poderiam deixá-lo deprimido. Melhor guardar essas, mais sensíveis, para entregar depois que ele sair.

As pessoas passaram a depositar seus bilhetes e cartas em uma caixa na recepção. Nem todas foram entregues. O Instituto Lula é responsável pela catalogação e guarda de toda a correspondência.

Governança

Um dos legados mais relevantes da Vigília será a experiência de governança coparticipativa de um espaço político de tamanho porte, por tanto tempo, envolvendo múltiplos DNAs ideológicos e distintas metodologias de ação. Esse compromisso, altamente desafiador em se tratando da esquerda brasileira, foi cumprido pelos militantes com grande empenho. Pode-se dizer também que com sucesso, pois não houve conflitos estruturais graves, a ponto de derrubar o projeto de resistência.

A Vigília era coordenada por um coletivo de lideranças que se articulou, a partir da Frente Brasil Popular, desde os primeiros depoimentos de Lula em Curitiba. Com a notícia da condenação, o escritório regional do PT no Paraná mobilizou militantes, chamou reuniões, puxou atos públicos pelas redes sociais. CUT, MST e MAB juntaram-se imediatamente ao partido.

No dia 7 de abril, diante da prisão consumada, trataram de construir uma unidade e um plano de ação para uma resistência que, imaginava-se, iria durar poucos dias. Com o acampamento instalado, as quatro organizações formaram uma coordenação responsável pelas diretrizes de longo prazo e por tocar o dia a dia. Outros sindicatos e movimentos sociais apoiaram e atuam no movimento, como o APP-Sindicato, Sindicato dos Trabalhadores em Educação Pública do Paraná.

Desde que a Vigília saiu das ruas e se estabeleceu no terreno em frente à PF, foi montado um esquema em rodízio. Às segundas-feiras, o MST estava à frente das atividades. Às terças, o MAB. A CUT coordenava às quartas. Às quintas, o APP-Sindicato conduzia a programação. Às sextas e finais de semana, era feito um revezamento.

Alinhamentos presenciais entre as lideranças aconteciam uma vez por semana. No Whatsapp, o grupo se comunicava sempre que necessário.

Floris esclarece que todas as grandes deliberações foram debatidas em regime de igualdade.

> Não importa quem tem mais estrutura financeira, quem tem mais gente. Nada ia para votação, tudo tinha que ser definido em consenso, por acúmulo de discussão. Aconteceram discordâncias, claro, é normal. Ficar no mesmo espaço tanto tempo, organizações com vivências diferentes... Mas havia muito respeito entre as pessoas.

O deputado Dr. Rosinha admite que é "complicado e sempre há contradições". Principalmente no início, enquanto os papeis iam se definindo, e a dinâmica se desenhando, ele lembra que houve disputa de protagonismo entre os grupos.

> Isso é natural, mas, por ser inadequado, foi se resolvendo. O protagonismo tem que ser da militância de esquerda, indignada. Esse é um movimento que entrou para a história. Porque a Vigília é fruto do engajamento de companheiros muito valorosos. O movimento deve muito à persistência e à liderança do MST. Eles sustentaram o início do acampamento com muita força.

Intrigas internas, competições por postos de responsabilidade, frustrações por decisões coletivas das quais se discorda, contendas cotidianas, entre tantas outras pequenas tramas de bastidores. Todas essas querelas aconteceram na Vigília, como acontecem em outros coletivos quando as pessoas convivem 24 horas por dias, 7 dias por semana.

Nas famílias ou nas empresas, onde vigoram regras de convivência tácitas ou contratuais, sabe-se o quanto é fatigante administrar a interação entre as pessoas. Dá para imaginar, portanto, o cuidado necessário para manter o equilíbrio das relações em uma mobilização espontânea, com viés antiautoritário e que consumia tanta energia de cada um, não só no campo do ativismo, mas também no plano pessoal.

A militante Sandra dos Santos acredita que a superação é ainda maior na diversidade.

> É muito mais fácil em um projeto de direita, autoritário –um manda e os outros obedecem. Na Vigília, construímos juntos. Nada na Vigília é menos ou mais importante, cada coisa tem seu valor, em cada dia da história. Militantes da base convivem com grandes figurões que vêm visitar o Lula. Então, quando surge um problema, a superação individual faz parte da visão de sociedade que queremos, de democracia pela qual lutamos. O Lula representa isso.

O metalúrgico Daniel Barbosa, nascido em Santo André (SP), ilustra bem o que representou a convivência entre uma militância com diversidades e práticas específicas. Sindicalista, ele viajou a Curitiba em 2017, na comitiva do Sindicato dos Metalúrgicos do ABC que acompanhou o primeiro depoimento de Lula na Operação Lava Jato.

No 7 de abril de 2018, passou o dia ao lado do ex-presidente, até a saída dele para Curitiba. Com a prisão, decidiu ir à Vigília por um dia, prestar sua solidariedade. Ficou uma semana. Logo se engajou na lida do acampamento, mas precisou retornar, pois estava envolvido na campanha do PT para as eleições presidenciais. No segundo turno, trabalhou como fiscal em uma escola do ABC paulista. Assim que a votação terminou, juntou suas coisas e foi para a rodoviária. Chegou à Vigília na manhã seguinte. Não voltou mais para casa, desde então.

O militante fazia de tudo um pouco. Ajudava na casa que abrigava as caravanas, dava apoio à coordenação, passava a mão no megafone e comandava um ato de bom dia, comprava mantimentos, atendia quem precisasse. Daniel descreve a Vigília com emoção.

> É como viver em uma comuna. Aqui eu encontro militantes de várias partes do mundo. Até estive com meus ídolos, Francis Hime e a banda Garotos Poderes. A princípio, havia uma hostilidade muito

grande das pessoas do local. Mas a Vigília conquistou respeito. Antes eu entrava na padaria e me olhavam feio. Hoje, já me dão bom dia.

Daniel confessa, no entanto, que oscilava entre a alegria e a melancolia.

> A Vigília anima a gente e ele [Lula] não se sente sozinho. Mas quando olho para aquele prédio, fico triste.

Seu ganho mais importante, garante, é político. Ele não conhecia o MAB, movimento que passou a admirar.

> Estou aprendendo com os sem-terra, com os atingidos por barragens, movimentos sociais que têm uma dinâmica completamente diferente do movimento sindical. Nós temos uma experiência de porta de fábrica, piquete, é outra realidade. Existe uma troca, um aprendizado de todos os lados.

Zuleide Maccari, do PT, aponta que as lideranças do Paraná foram chamadas para um esforço extraordinário e inusitado.

> Tivemos que construir um movimento totalmente novo se comparado a tudo que já tínhamos visto. Tivemos de nos tornar mentores da estrutura, encontrar as formas de bancar o espaço política e financeiramente. Foi uma verdadeira faculdade de vida. E é Lula que nos ajuda a avançar e não desistir.

A militante, que era vendedora de leite na rua nos anos 1980-90 e se tornou funcionária da Assembleia Legislativa de Curitiba, atribui ao governo petista a melhoria de vida em sua família. Agradecida e honrada por fazer parte da resistência, ela acha que, quando Lula for solto, a Vigília deve se transformar em um museu, "onde será contada a história desse preso político e de como o povo lutou por sua libertação".

A operária gaúcha Rosane da Silva, militante sindical que atuou na coordenação da Vigília pelo PT, articulando a relação com as caravanas que vêm em visita, atribui a subsistência da Vigília à solidariedade.

> Nenhuma liderança política em todo o mundo foi alvo de uma distinção como essa que se formou em torno de Lula. Com chuva, sol, tempestade... estivemos lá, firmes. Porque era o nosso compromisso com o projeto político que Lula representa. E isso só é possível por causa da solidariedade. Solidariedade entre quem estava na Vigília e solidariedade que vem de fora, com as doações e apoios.

Mas nem só a ideologia une corações na Vigília. O movimento também gerou muito amor. Militantes do MST, Jhoine Amâncio e Janiele Kogus, casados há alguns anos, passaram os primeiros 12 dias do acampamento vivendo em uma barraca de plástico. Da rua, mudaram para o quintal de uma moradora. Dois meses após terem feito o juramento à Vigília, na Praça Olga Benário, Janiele engravidou. A pequena Eloísa –há quem brinque que ela é a primeira "filha" da Vigília– nasceu em fevereiro de 2019, no assentamento Dom Tomás Balduíno, onde estão as famílias do casal. Mas logo voltou para Curitiba. A família agora mora em uma casa do movimento sem-terra.

As tarefas diárias da ocupação reuniram muitas pessoas que não se conheciam. Trabalhar junto, conviver na adversidade, enfrentar os desafios da luta levaram as pessoas a se aproximar, a se apoiar, a se gostar. E a se apaixonar. Foram muitos olhares trocados em assembleias antes de criar coragem. Finalmente, um dia após o Natal, Regina Cruz e Luana de Oliveira Chaves se declararam e começaram a namorar. Para a alegria do pequeno Vitor Gabriel, filho de Luana, que comemora, sorridente.

> Agora eu tenho duas mães!

Comunicação

Outro setor estratégico, igualmente repartido entre militantes das organizações da Vigília, era a comunicação. Zelar pela maior divulgação possível do movimento e garantir uma veiculação de informações que confrontasse possíveis distorções publicadas pela grande imprensa foi vital no começo. E uma missão complexa, considerando-se o grande interesse da mídia nacional e internacional pela prisão de Lula, pela Vigília e pelas celebridades que marcaram presença na porta da PF.

Os comunicadores das organizações que estavam na Vigília, muitos já integrantes do núcleo de comunicação da Frente Brasil Popular, se organizaram para assegurar e potencializar a cobertura a partir de uma visão progressista. Criaram uma coordenação, para ter produção própria e para dar suporte aos colegas brasileiros e estrangeiros, facilitando o acesso às fontes e aos dados. Blogs e veículos independentes somaram esforços à iniciativa da Casa da Democracia (*ver capítulo 7*), várias vezes trabalhando colaborativamente. A jornalista Neudicleia de Oliveira, do MAB, integrou a coordenação naquele momento, ao lado de Pedro Carrano, editor do *Brasil de Fato* e militante da Consulta Popular.

A ideia era fazer um contraponto à mídia golpista, declara.

Neudi, como é conhecida, integrou a coordenação da Vigília e atendeu na assessoria à imprensa. Ela nasceu em uma família catarinense atingida pela barragem de Machadinho. Ativista de movimentos sociais desde a adolescência, tornou-se dirigente do MAB e foi a única militante da Vigília que visitou Lula na PF. Após o sufoco dos primeiros dias, ela reconhece que o ritmo ficou bem mais calmo. Felizmente, pois ela ganhou uma atribuição adicional: fazer registros diários sobre tudo o que acontece na Vigília, nos movimentos de sociais, e enviar a Lula por meio dos advogados. Para ela, o movimento de solidariedade e resistência extrapolou a questão da liberdade do ex-presidente:

Aqui é um palco para debates de vários temas. E o retrocesso nos direitos dos brasileiros, depois das eleições, reforçou o nosso papel.

Nos últimos meses, a comunicação era tocada por um coletivo que estava todos os dias na Vigília: Pedro, Neudi e a gaúcha Denise Veiga, ligada à CUT, que cuidava das redes sociais e, quando preciso, também pilotava o megafone. O grupo recebia apoio de outra jornalista fixa, que atuava pela comunicação do MST. Ednúbia Ghisi fazia reportagens para os veículos dos sem-terra e coordenava um programa de formação de comunicadores populares, voltado a jovens que iam à Vigília nas caravanas dos assentamentos.

Todas as atividades da Vigília foram transmitidas ao vivo pela página da Vigília no Facebook, que foi criada em 27 de abril de 2018. Até então, notícias do acampamento eram veiculadas diariamente no boletim on-line do PT.

Por sua importância, por seu impacto no cenário político ou por seu ineditismo, a Vigília atraiu diversos jornalistas, escritores, cineastas, gerando incontáveis materiais informativos, em textos e audiovisuais. Nem todos são profissionais. Uma das figuras que se tornou referência em documentar o dia a dia da Vigília foi Mauro Chazanas. Militante PT São José dos Campos (SP), ele chegou no acampamento nas primeiras semanas e lá ficou até falecer, em março de 2019. Deixou como legado muitos amigos e um enorme acervo de gravações. O agradecimento a Chazanas está exposto aos visitantes da Vigília, em uma placa em sua homenagem.

Programação

Mesmo depois de todo o histórico de ataques, não havia muros, nem arame farpado em torno da Vigília. Ao contrário, o lote era demarcado por uma cerca vazada, onde estavam fixadas faixas, bandeiras, estandartes com slogans políticos –de tempos em tempos, dava as caras por lá um gigantesco boneco de Lula. Eram aproximadamente

300 m2, na esquina com a rua Engenheiro Paulo Gabriel Passo Brandão, abertos a quem tivesse interesse. A falta de paredes era também um prato cheio para os provocadores: vez ou outra, passava um carro xingando ou aparecia um grupo de motociclistas de meia idade que se reunia para fazer selfie em frente à PF gritando contra Lula. Já houve até uma tentativa de depredação durante a noite, rechaçada pelos seguranças da Vigília.

Na entrada, pela Sandália Monzon, um jardim florido enfeitava a calçada. O acesso, nos primeiros meses, se dava por uma subida irregular, feita de pedras e terra – até o dia em que foi anunciada a chegada de uma caravana de pessoas com deficiência. A notícia levou a coordenação a se perguntar: mas que tipo de deficiência têm essas pessoas? E se forem cadeirantes? Rapidamente, organizaram uma maratona e, em menos de 24h, ficou pronta uma rampa de cimento.

Não havia construções de alvenaria dentro do terreno. Sobre o chão de pedriscos, bancos de madeira feitos pelos militantes acomodavam as pessoas. Quando havia muita gente, cadeiras de plástico eram dispostas em uma grande roda, em grupos menores ou em formato de auditório, dependendo da necessidade. Os bom dia/boa tarde/boa noite aconteciam ao ar livre, em volta da araucária. É também onde se montava, nas ocasiões especiais, um pequeno palanque para os discursos e os shows.

Debaixo de uma lona branca, um ambiente de convivência abrigava rodas de conversa, oficinas, palestras e exibições de filme. Nesse espaço funcionavam ainda a recepção e um canto reservado ao pessoal da comunicação. Do lado direito, uma banquinha vendia produtos de agricultura familiar, livros, camisetas e acessórios. Do lado esquerdo, ficava o Espaço Saúde e um fogão onde o povo fazia pipoca, bala de gengibre, doce de laranja, entre outros petiscos. Os visitantes tinham à disposição água, café e chá, o dia inteiro –não raro, acompanhados de biscoitos feitos na cozinha do alojamento (*ver Galería de fotos*). Nos fundos do terreno, havia dois banheiros de madeira.

A programação da Vigília era parruda (*ver Atividades da Vigília, mais adiante*). Todos os dias havia atividades, anunciadas na página do Facebook e em grupos de Whatsapp. Para se ter uma ideia, só no primeiro ano, a Vigília abrigou o lançamento de 14 livros.

Infalivelmente, aconteciam diariamente o bom dia, às 9h; o boa tarde, às 14h30 e o boa noite, às 19h. O cumprimento era repetido, em coro, treze vezes. A única exceção foi no dia 2 de março de 2019, data do sepultamento do menino Arthur, quando o bom dia foi substituído pelo grito de "Força, presidente!".

A cada bom dia/boa tarde/boa noite, os manifestantes puxavam palavras de ordem:

> *7 de abril/ prenderam nosso Lula / seremos resistência / porque você é luta*
>
> *Não tem prova / não tem crime / Lula livre / Lula livre*
>
> *Lula / amigo / o povo está contigo*
>
> *Aqui / está / o povo de Lula / sem medo de lutar*
>
> *Pátria livre / venceremos*
>
> *Brasil / urgente / Lula inocente*
>
> *Lula guerreiro do povo brasileiro*
>
> *Tá muito frio / não é, moçada? / mas pelo Lula / a gente enfrenta até geada*

Quando havia visitas de outros países, acrescentam:

> *Internacionalizamos a luta / internacionalizamos a esperança*

Aqueles que estavam na Vigília pela primeira vez eram convidados a se apresentar e muitas vezes recebiam o privilégio de "puxar" o cumprimento no megafone. As falas eram depoimentos de vida, mensagens de solidariedade, destaques da importância de Lula para o Brasil, protestos contra a prisão, relatos sobre suas organizações e causas. Para finalizar, sempre muita uma cantoria animada pelos artistas da Vigília ou pelos grupos musicais das delegações visitantes.

Nos intervalos entre as três saudações, havia muito que fazer. Logo cedo, a programação era escrita na lousa da araucária. Tereza de Fátima dos Santos Rodrigues Lemos, na Vigília desde o primeiro dia, era uma das responsáveis por organizar a agenda. Professora da rede estadual, ela é dirigente da APP-Sindicato. O calendário semanal era elaborado em dupla com a colega Adriana Pereira de Oliveira. As duas recebiam pedidos de voluntários, sugestões das lideranças e até do próprio Lula, que recomendou, por exemplo, fazer rodas de conversa sobre a Reforma da Previdência.

> Vamos colocando as ofertas em um arquivo digital e acomodando as datas. A gente se empenha bastante em envolver o pessoal das caravanas, para que aproveitem esse momento na Vigília para discutir sobre suas realidades. Por exemplo, acabamos de receber uma turma do sindicato dos eletricitários de Campinas. Eles quiseram fazer uma roda de conversa sobre a questão da energia.

Porém, as atividades não são exclusivas do público interno. Ao contrário. A programação é aberta a quem se interessar. Esse foi um dos papéis da Vigília, na visão dos coordenadores: ser um espaço para reflexão e formação política (ver *Atividades da Vigília*).

As quintas-feiras eram dias muito esperados, por conta das visitas a Lula. Sempre uma atração especial, essas pessoas passavam pela Vigília, geralmente depois do encontro com o ex-presidente. Eram autoridades, artistas, religiosos, parlamentares, representantes de movimentos sociais (ver *Visitas ilustres*). A lista era concorrida, com nomes de destaque nacionais e internacionais que às vezes esperavam até um mês para o encontro com o ex-presidente.

Ao sair, faziam relatos, falavam como encontraram Lula de saúde, de humor, revelavam algum detalhe sobre a rotina na prisão (o que ele lia, que músicas ouvia), transmitiam mensagens e opiniões que o ex-presidente emitiu em relação aos diversos temas da conjuntura nacional. Mas uma atitude comum a todos os visitantes era ter sempre uma palavra carinhosa e de reconhecimento para os militantes.

Moisés Selerges, tesoureiro do sindicato dos Metalúrgicos do ABC, passou pela Vigília em março de 2019 e ficou comovido.

Para segurar uma onda dessa, não é qualquer um, não. Aqui se mostra, na prática, o que é resistência, disciplina, compromisso.

Evento fixo, todas as sextas-feiras, às 18h, o "Luzes para Lula" consistia em uma mística cuja proposta era transmitir energias positivas ao ex-presidente e força para que os presentes sustentassem suas lutas. As pessoas acendiam velas e luzes de celulares enquanto ouviam uma leitura de texto, poema, ou uma performance musical. Baggio, do MST, organização que tem forte tradição em cultivar a mística entre seus integrantes, explica que a comunicação com Lula não podia ser apenas "gritaria".

Ele não pode ficar ouvindo só lamentos, choro. É um privilégio estar aqui. Por isso, devemos cuidar da qualidade desses momentos. Têm que ser momentos analíticos, formativos, poéticos. E não apenas gritar palavras de ordem no megafone. É importante nós usarmos várias linguagens na comunicação, como a música, o teatro, a poesia.

Outro momento místico acontecia ao cair da tarde dos domingos. Pouco antes do boa noite, às 18h, realizava-se um ato interreligioso, prestigiado por líderes de diversas crenças. As igrejas católica e anglicana participavam toda semana. Representantes do islamismo e de religiões de matriz africana foram presenças frequentes. Às 20h, tudo já estava desocupado e em silêncio. Ficavam apenas dois vigias, que passavam a noite.

Espaço Saúde

Cipó mil-homens, celidônia, pata de vaca, pronto-alívio. Escritos em envelopes de papel pardo pendurados em um varal, os nomes das plantas medicinais eram desconhecidos de grande parte do público que encostava, do lado de fora, no balcão do Espaço Saúde. Do lado de dentro, no entanto, havia conhecimento de sobra. Dominar as propriedades dessas e de centenas de outras ervas naturais que estão à disposição de quem precisasse, na Vigília Lula Livre, é um dom precioso, que a dona Maria esbanjava, na maior humildade.

Maria Natividade de Lima, de 65 anos, pertence ao assentamento Contestado, na Lapa (PR), reconhecido pela produção orgânica e por práticas envolvendo bioenergia e agrofloresta. Foram criadas lá a Cooperativa Terra Livre e a Escola Latino-Americana de Agroecologia. Dona Maria atua há muitos anos no setor de terapias alternativas.

Personagem central do Espaço Saúde, instituído desde o início do acampamento, ela dividia seu tempo e seu talento entre uma temporada na Vigília e uma temporada em sua terra, onde teve oito filhos e três netos.

> O acampamento na rua gerava muita tensão. As pessoas ficavam nervosas, se sentiam mal. E piorou com o tempo frio. Aquela gente dormindo no chão, com chuva... era pra derrubar qualquer um. A tenda fazia atendimento a dor de cabeça, enjoo, dor nas costas. Mas a maioria era resfriado e gripe. Eu trouxe minhas ervas, comecei a fazer os chás, a aplicar auriculoterapia. Muita gente estava junto cuidando da saúde do povo, fazendo vários tipos de massagens. Tinha até psicólogos.

Instalada a Vigília no terreno privado, o Espaço Saúde também pode se organizar melhor. Nos últimos tempos, dispunha de uma maca para atendimento com privacidade, resguardada por cortina, e uma cadeira de massoterapia. Para as aplicações de auriculoterapia e massagens tinha que entrar na fila, pois a procura era grande. Além disso, um respeitável estoque de medicamentos fitoterápicos e infusões medicinais dava conta das ocorrências rotineiras. Uma vez por semana, médicos voluntários passavam para apoiar os casos que requeriam mais atenção.

Sirlei Morais atendia no Espaço Saúde a cada 15 dias. Ela fazia uma alternância entre a Vigília e o assentamento Guanabara, em Imbaú (PR), onde mora com seu companheiro e quatro filhas. Sem-terrinha, cresceu na luta pela reforma agrária. Seu pai, o artista popular

Chocolate, esteve na Vigília declamando versos de seu livro "Vida, Luta e Poesia". Hoje faz parte do coletivo de saúde do MST.

> O trabalho na Vigília é gratificante. Uma vez, chegou uma mulher de 38 anos, de uma caravana, que nunca tinha feito uma consulta com um ginecologista. A gente fez toda a orientação a ela.

Outra voluntária do Espaço Saúde que não passava muito tempo longe era a professora Magali Joana Correa. Viúva e aposentada, ela mora em São Paulo com um de seus dois filhos. De tempos em tempos, ia por conta própria ou em uma das caravanas do Coletivo Resistência, do qual faz parte. Refiliada ao PT após o golpe, conheceu a Vigília no dia 1º de maio de 2018, quando acampou por três dias com um grupo de amigos. De lá para cá, foi várias vezes.

> No começo, eu só ajudava na cozinha. Para me sentir ainda mais útil, resolvi fazer um curso de massagem. Hoje, eu faço do-in no Espaço Saúde.

Arte

> Bom dia presidente / foi agora que eu cheguei / vou chegando e vou cantando a fazê companhia assumcê
>
> O povo chegou / o povo chegou / força Lula / que a luta só começou

Entoando esses refrões, os militantes vão se achegando e tomando posição, de frente para o prédio da PF, na direção da janela de Lula. Na grande maioria das vezes, são acompanhados por um cantador ou uma cantadora, com um violão ou outro instrumento musical. Música, poesia, teatro, literatura, cinema. A arte estava no DNA da Vigília. Grupos de diversas partes do país apresentaram seus ritmos regionais. Nomes de peso na música brasileira fizeram shows em celebrações especiais. Escritores lançaram seus livros e cineastas exibiram seus filmes, participando de debates com a plateia.

Dedicados ao movimento desde o primeiro dia, dois artistas populares curitibanos assumiram a tarefa de cuidar da programação cultural: João Bello e Suzi Monte Serrat.

Com suas roupas coloridas, a cada dia um chapéu diferente, Bello puxa o coro, declama, brinca com o público, provoca reflexões políticas. Ativista social, ambientalista, escritor, educador, contador de histórias, ele já editou um jornal, publicou livros e gravou CDs. Idealizador do projeto O semeador de sonhos – o lúdico no processo de aprendizagem, Bello conta que tudo começou com um sonho.

> Nesse sonho, eu tinha que escrever um livro e incentivar nas pessoas o gosto pela leitura. E precisava levar aquilo para todo o Brasil, para a América Latina. Então eu escrevi "O Parque dos sonhos", livro que foi prefaciado pelo prêmio Nobel Adolfo Perez Esquivel. Depois disso, larguei tudo o que eu fazia e me tornei um ativista da música e da poesia. Em vinte anos, já rodei mais de 900 mil quilômetros, fazendo oficinas, formação de professores, levando e recebendo saberes de milhares de artistas populares que conheci pelo caminho.

Quando não estava na estrada, Bello estava na Vigília.

> A cultura é fundamental. Não é à toa que você vê a cultura sendo relegada para segundo plano. Se dominam a sua cultura, você passa a ser robotizado.

O artista organizou uma coletânea das paródias cantadas na Vigília. São quase 50 canções com letras refeitas por pessoas que passaram pela Vigília, com referências a Lula. Também está sendo organizada uma coletânea de textos poéticos do movimento.

> Do ninho da resistência, esse material vai se espalhar pelo país.

Bello dividia o violão e a animação da Vigília com a artista e educadora popular Suzi Monte Serrat, que no dia 7 de abril estava na porta da PF "recepcionando um amigo", quando foi "atacada pela polícia".

O nosso poder de solidariedade e resistência é o que mais incomoda esses direitosos. O maior medo da direita é que temos uma mobilização com alegria, leveza, com firmeza e um cara tão forte liderando. Para chegar até aqui, foi construção em cima de construção. E desconstrução também. Tivemos que fazer desconstruções internas porque não éramos mais os organismos individuais, mas sim um organismo único e todo. A força do coletivo.

Suzi conta que muitos artistas contribuíram para fazer da Vigília um ambiente de diversidade cultural. No grupo de whatsapp, chegavam propostas, ofertas. As caravanas também traziam sempre algum artista popular regional que promovia uma roda de viola ou uma contação de causos.

Outra contribuição permanente vinha do coletivo de cultura do MST, responsável, na Vigília, por diversas rodas de conversa e oficinas sobre arte. Os jovens não deixaram faltar um forró ou um sarau para agitar algumas noites no Espaço de Cultura e Formação Marielle Vive. E também produziram peças teatrais, como a sátira "Nas garras da (In)justiça", que trata de um julgamento conduzido pelo juiz "Sérgio Morro Abaixo". Ficou famosa uma peça inspirada no dia em que Leonardo Boff foi impedido de visitar Lula e ficou sentado na caçada da PF.

Em julho de 2018, 78 jovens do I Curso de Arte da Região Sul visitaram a Vigília e desfilaram em um cortejo criativo. No entorno do prédio da Polícia Federal, cantaram, dançaram e fizeram intervenções teatrais, dentro do espírito de que a arte, para o movimento sem-terra, é uma ferramenta para fortalecer e animar a militância.

Solidariedade

Dona Laurita Ricardo caminha com dificuldade, sempre apoiada em alguém. Precisa ficar sentada a maior parte do tempo. Por isso o megafone é levado até ela, que puxa o "boa tarde, presidente".

Nesse dia, era a segunda vez que a curitibana de 88 anos visitava a Vigília. Foi acompanhada dos três filhos: Ismael, de 50 anos, Miriam, de 55, Sandra, de 63. Em um carro popular, a família viajou mais de 120 quilômetros, de Guaratuba, no litoral paranaense, "exclusivamente para estar algumas horas ao lado de Lula".

Dona Laurita tem a mente lúcida e uma emoção incontrolável, que inunda suas falas, a ponto de não conseguir terminar as frases.

> Com o presidente Lula, a gente tinha comida na mesa. Foi ele que...
>
> Lula foi o governante que tirou os pobres da miséria. Ele...
>
> Eu sempre votei no Lula porque...

Cuidadosa, uma de suas filhas interrompe a entrevista.

> Ela se emociona demais cada vez que vem aqui.

***

No mesmo dia em que faleceu o neto de Lula, a catarinense Marlene dos Passos de Santana, 71 anos, sofreu um AVC. Ela mora quase em frente à Vigília, com o marido e dois filhos. O casal e um dos filhos são eleitores do PT. O outro faz questão de deixar claro que ele, não –na eleição presidencial de 2018, votou no candidato do PSL.

Em uma cama hospitalar, instalada em sua sala, a ex-diarista se recupera, recebendo medicação endovenosa e alimentação parental. Ela ouve tudo que acontece na Vigília. Acompanha o ato inter-religioso todos os domingos. O marido às vezes vai lá, participar.

> No dia que o Lula foi preso, a gente estava vendo pela TV. Mas a minha casa estava cheia de repórteres. Quando ele chegou, eu me senti mal, não estava acreditando. Nos dias seguintes, eu ficava na varanda o dia inteiro. Levantava cedo para ver o movimento –as pessoas eram muito educadas, passavam e cumprimentavam.

Dona Marlene, que comprou sua máquina de lavar "graças a Lula", acha injusto ele estar ali: "muitos fizeram pior".

> Eu gosto de ouvir ele falar. Fico imaginando como deve ser bom estar numa mesa de almoço com ele falando. Tenho vontade de apertar a mão dele. Será que ele está bem? Está tão velhinho...

Sonhando com a possibilidade de Lula visitá-la, quando for solto –"estou tão pertinho!"–, guarda, como uma joia, uma toalha de banho que mandou –junto com um vídeo seu– para o ex-presidente assinar.

***

De Porto Velho a Curitiba, Irene voa mais de 2.400 quilômetros. Puxado. E dispendioso. Ela não reclama: "é um esforço que vale a pena". Tanto que, pela segunda vez, a paraense fez essa viagem, para "passar férias na Vigília". Graduada em Economia, trabalha como auditora fiscal. Simpatizante do PT, "fica bastante na internet para defender as causas da esquerda".

Nas férias de julho de 2019, reservou 13 dias a seu programa predileto.

> Me hospedo perto da Vigília. Todos os dias, chego à tarde e fico até o boa noite. Não venho de manhã porque é muito frio. Participo de tudo, converso com as pessoas. Já fiz muitos amigos aqui.

Irene não conhece os pontos turísticos da cidade. Não vai a museus, parques, restaurantes. Passeios?

> Estou passeando aqui. Estou aqui por causa dele. Temos que lutar por Lula, pelo retorno da nossa democracia e pela nossa soberania nacional.

Desta vez, Irene volta para casa ainda mais satisfeita. Conseguiu a assinatura de Lula em um livro e em uma camiseta.

* * *

Solidariedade, gratidão, empatia. Esses sentimentos são responsáveis por um tipo de público específico –diferente da militância–, que contribuiu para manter viva a Vigília Lula Livre. Não necessariamente vinculados a organizações, esses cidadãos se mobilizaram individualmente ou em grupos, por conta própria ou organizando vaquinha para o ônibus. Na primeira vez, chegavam fortemente impactados, administrando emoções que alternavam entre a curiosidade, a indignação e a compaixão. Não raro, envolviam-se de tal modo que voltavam mais vezes.

Todos os dias era possível encontrar na Vigília personagens pertencentes a esse universo: o mundo dos simpatizantes e admiradores de Lula. Na maior parte, eram beneficiários dos programas sociais do governo petista, em especial da região Nordeste. Frutos do que o cientista político André Singer cunhou como "lulismo" –programa de governo que propiciou o aumento expressivo do consumo e a reativação da economia, favorecendo as camadas mais baixas da população, sem implicar uma radicalização política.

A admiração e a reverência de grande parte do povo brasileiro por Lula foi registrada ao longo de suas andanças e comícios país afora. Fotos, vídeos, declarações e homenagens não faltam para comprovar o seu magnetismo. A Vigília representou um ambiente perfeito para as pessoas expressarem essa estima. Somavam-se a esse público visitantes movidos por ideologia política e estrangeiros atraídos pela história do Brasil.

Independente da origem ou da motivação, era comum as pessoas se emocionarem profundamente durante os atos. Vozes embargadas, lágrimas teimosas, semblantes doloridos marcavam os rostos de jovens e velhos, petistas envoltos em bandeiras ou turistas que não compreendiam as letras das músicas. Muitos sequer conseguiam fazer a saudação. Apenas olhavam em direção ao quarto andar do prédio da polícia e choravam.

Tendo estado na Vigília duas vezes, o prêmio Nobel da Paz Adolfo Perez Esquivel acredita que a imagem do líder petista transcende a sua pessoa.

> Lula se transformou em um símbolo do povo. E as pessoas precisam ter referências. Referências éticas, que sejam coerentes no dizer e no fazer. E Lula tem essa coerência. Ele foi coerente com a vida, coerente com o povo. Por isso eu o apresentei como candidato ao Nobel da Paz em 2019.

Reforçando esse cenário, além da profusão de faixas e bandeiras, vestimentas e acessórios usados por quem circula pela Vigília, existia uma abundante oferta de *souvenirs*. Na lojinha, encontrava-se o básico: camisetas, *bottons*, faixas. Nos dias de celebrações especiais, ambulantes montavam banquinhas para vender canecas, copos, canetas, leques, bebidas e pacotes de arroz com a figura de Lula. Curiosamente, o retrato não corresponde à fisionomia do homem que foi preso aos 73 anos. Mas tem as mesmas características da imagem escolhida para imortalizar outro ícone da esquerda que se tornou uma "marca". Assim como Che Guevara, Lula é estampado jovem, barbudo, com expressão austera.

Ato de comunhão

Visitantes e militantes se integravam e se intercalavam, garantindo um fluxo contínuo na Vigília. Durante a semana, predominavam os assentados do MST, que vinham em caravanas a cada 15 dias (*ver Congreso do Povo*). Nos finais de semana, era maior a quantidade de visitantes individuais e de coletivos independentes. O livro de presença registrou mais de mil assinaturas. Quem tomava conta desse livro era a metalúrgica aposentada Izabel Aparecida Fernandes, que atendia na recepção.

> Aqui, cada dia é uma surpresa.

Toda de vermelho –camiseta, moleton e boné Lula Livre sobre a cabeleira ruiva – foi voluntária desde o primeiro dia do acampamento. De segunda a sexta, saía do bairro Sítio Cercado, zona Sul de Curitiba, às 6h50. Pegava dois ônibus e levava duas horas e meia para atravessar 26 quilômetros até a zona Norte da cidade, onde estava a Vigília. Sorridente e com olhos claros atentos a tudo à sua volta, ela se encarregava de dar informações, orientar as pessoas, cuidar dos livros de presença e de doações. Se for preciso, pegava o megafone e comandava uma saudação. Em pé praticamente o dia inteiro, ela não reclamava: "puxado, mas vale a pena".

Às 17h30, encarava nova maratona na volta para a casa, onde mora com duas irmãs, também petistas, que militavam na Vigília nos finais de semana. Sábado e domingo, Izabel descansava "trabalhando" –faz artesanato em patchwork, uma forma de engordar a renda da família, de origem pobre. Filha de assentados no Noroeste do Paraná, a jovem começou a vida na lida pesada da lavoura até se tornar missionária cristã e ser transferida para um projeto social na Itália. Foi lá que ela ouviu falar pela primeira vez do "operário que defendia os pobres no Brasil".

Retornando a seu país, na década de 1990, arrumou emprego em uma fábrica de eletrônicos, em São Paulo. Eram "tempos difíceis, de grana curta, muito sacrifício". Afastada do contexto religioso, projetou, na política, a sua vocação cristã, o seu desejo de ajudar os mais necessitados. Começou a militar no PT. E não se arrependeu: as coisas melhoraram para ela a partir da primeira vitória do partido para a presidência, em 2003. Foi no período dos governos petistas que Izabel conseguiu terminar de pagar sua casa, comprar um carro, contratar um plano de saúde.

> Nós somos a força dele e ele é a nossa força. Ele me deu tudo o que tenho. Vou ficar na Vigília enquanto ele estiver lá.

Entre milhares de simpatizantes que vão prestar sua homenagem, Izabel tem um motivo a mais para sua afeição. Ela não é uma militante anônima. Lula sabe de sua dedicação e já lhe mandou um bilhete com agradecimento pessoal. Uma "relíquia" que ela guarda dentro da Bíblia.

Até mesmo nas festas de final de ano de 2018, quando as pessoas costumam tirar férias, viajar ou dedicar seu tempo a curtir mais plenamente a família, os simpatizantes de Lula não arredaram pé. Ao contrário, foram dias de excepcional movimento na Vigília. Aproximadamente 500 pessoas, incluindo representantes de os estados do país, passaram o Natal por lá. O dia 24 teve música e debate. À noite, após o ato inter-religioso, todos se deliciaram com a ceia preparada pelos próprios militantes. Sobre a mesa enfeitada, um farto cardápio de carnes e outros pratos, elaborados com alimentos oferecidos por doações.

A virada do ano foi ainda mais concorrida. Cerca de 2 mil pessoas saíram de mais de 20 estados, muitas encarando dez, quinze horas dentro de um ônibus. Na noite de 31 de dezembro, a presidente do PT, Gleise Hoffman, chegou acompanhada de uma comitiva de parlamentares. Ao lado de militantes, caminharam segurando uma faixa de 60 metros de comprimento, confeccionada pelo coletivo Alvorada, de Belo Horizonte (MG), onde se lia "Lula Livre".

No dia 1º de janeiro, ativistas começaram as comemorações fazendo uma "faxina simbólica" na frente da Polícia Federal. À tarde, houve o "abraçaço" ao prédio. Ao som do trompete de Fabiano Leitão, centenas de militantes se abraçaram, em torno das grades do prédio, simbolizando um abraço ao ex-presidente. Balões brancos e vermelhos subiram no céu, sob os brados de "Solta Lula!". Foram soltos em um local de onde pudessem ser vistos da cela. Do carro de som, um manifestante gritava: "Lula, olha pela janela!". Encerrando o ato, as pessoas atiraram centenas de rosas de papel por cima das grades da PF, salpicando o jardim de onde os agentes federais haviam atirado bombas sobre a multidão, 268 dias antes.

Esquivel sintetiza a Vigília como "um ato de comunhão".

Para mim, é um movimento que recupera o sentido profundo da solidariedade dos povos. É um ato de reflexão, de unidade e de resistência cultural, social, política e espiritual. Para Lula, significa muito que três vezes ao dia lhe digam bom dia, boa tarde e boa noite. Ele está muito atento a essa presença. Lula não está só. Nós, como povo, estamos aqui com ele.

Visitas ilustres

Todas as pessoas foram visitar Lula passaram pela Vigília.[1] Ao sair da Polícia Federal, conversavam com os militantes e visitantes, dando entrevistas à imprensa, falando sobre como encontraram o ex-presidente e levando o pensamento dele sobre os assuntos tratados.

Chefes de Estado

» Alberto Ángel Fernández, então candidato e atual presidente da Argentina

» Dilma Rousseff, ex-presidente do Brasil

» Eduardo Duhalde, ex-presidente da Argentina

» Ernesto Samper, ex-presidente da Colômbia e ex-secretário geral da União das Nações Sul-americanas (UNASUL)

» José Mujica, ex-presidente do Uruguai

» Massimo D'Alema, ex-primeiro ministro da Itália

---

[1] Dados de visitantes até setembro de 2019.

Ministros

» Alexandre Padilha, ex-ministro da Saúde

» Aloísio Mercadante, ex-ministro da Casa Civil, da Educação e de Ciência e Tecnologia

» Carlos Gabas, ex-ministro da Previdência Social

» Celso Amorim, ex-chanceler do Brasil

» Eleonora Menicucci, ex-ministra da Secretaria de Políticas para Mulheres

» Fernando Haddad, ex-ministro da Educação e ex-prefeito de São Paulo

» Gilberto Carvalho, ex-ministro chefe da Secretaria Geral da Presidência

» José Eduardo Cardozo, ex-ministro da Justiça

» José Eugênio Aragão, ex-ministro da Justiça

» Luiz Carlos Bresser-Pereira, ex-ministro da Fazenda e ex-ministro da Administração Federal

» Luiz Dulci, ex-ministro chefe da Secretaria Geral da Presidência

» Márcia Lopes, ex-ministra do Desenvolvimento e Combate à Fome,

» Miguel Rosseto, ex-ministro do Desenvolvimento Agrário

» Mirian Belchior, ex-ministra do Planejamento

» Nilma Lino Gomes, ex-ministra das Mulheres, Igualdade Racial e Direitos Humanos

» Nilmário Miranda, ex-ministros de Direitos Humanos

» Patrus Ananias, ex-ministro do Desenvolvimento Agrário

» Paulo Sérgio Pinheiro, ex-ministro de Direitos Humanos

» Paulo Vanucchi, ex-ministro de Direitos Humanos

Governadores

» Camilo Santana (PT), governador do Ceará
» Cuauhtémoc Cárdenas, ex-governador da capital do México
» Flávio Dino (PCdoB), governador do Maranhão
» Jacques Wagner, ex-governador da Bahia
» João Capiberibe, ex-governador do Amapá
» Olívio Dutra, ex-governador do Rio Grande do Sul
» Paulo Câmara (PSB), governador de Pernambuco
» Renan Filho (PMDB), governador de Alagoas
» Ricardo Coutinho (PSB), ex-governador da Paraíba
» Roberto Requião, ex-governador do Paraná
» Rui Costa (PT), governador da Bahia
» Tião Viana (PT), governador do Acre
» Waldez Goés (PDT), governador do Amapá
» Wellington Dias (PT), governador do Piauí

Outros

» Adolfo Pérez Esquivel, Prêmio Nobel da Paz
» Afrânio Silva Jardim, jurista
» Aleida Guevara, médica cubana
» Ana Cañas, artista
» Annick de Ruvier, da Confédération des Syndicats Chantiers

- » Ariovaldo Ramos, pastor da Frente de Evangélicos pelo Estado de Direito
- » Beth Carvalho, artista
- » Chico Buarque, artista
- » Chico César, artista
- » Coen Roshi, monja budista
- » Combertty Rodriguez García, coordenador Regional da Internacional da Educação para América Latina
- » Danny Glover, ator e ativista norte-americano
- » Domenico Demasi, sociólogo
- » Edevaldo de Medeiros, juiz
- » Eduardo Moreira, economista
- » Emir Sader, sociólogo
- » Eva Hand Me, ativista chilena
- » Fernando Morais, escritor
- » Francis Hime, artista
- » Frei Davi Santos, Ordem dos Frades Menores
- » Gleisi Hoffmann, presidente do PT
- » Gregório Duvivier, comediante
- » Guilherme Boulos, dirigente do Movimento dos Trabalhadores Sem Teto (MTST)
- » Guilherme Estrella, geólogo e ex-diretor de Exploração e Produção da Petrobras
- » Heleno Araújo, presidente da Confederação Nacional dos Trabalhadores em Educação (CNTE)

- » Herson Capri, artista
- » Ignácio Ramonet Miguez, sociólogo
- » Javier Guerrero, político mexicano
- » Jean-Luc Mélenchon, fundador do movimento França Insubmissa,
- » Joana Mortágua, deputada portuguesa
- » João Paulo Rodrigues, dirigente do Movimento dos Trabalhadores Rurais Sem Terra (MST)
- » João Pedro Stédile, dirigente do Movimento dos Trabalhadores Rurais Sem Terra (MST)
- » José Graziano, ex-diretor-geral da FAO (Organização das Nações Unidas para Agricultura e Alimentação)
- » Juan Grabois, consultor do Pontifício Conselho Justiça e Paz do Vaticano
- » Juca Kfouri, jornalista
- » Juliana Mittelbach, da Rede de Mulheres Negras e da Marcha Mundial das Mulheres
- » Júlio Lancelotti, padre da Pastoral do Povo de Rua SP
- » Kenarik Boujikian, da Associação Juízes pela Democracia
- » Kristyne Peter, dirigente do United Auto Workers
- » Laurence Cohen, senadora do Partido Comunista da França
- » Leonardo Boff, teólogo
- » Leonardo Padura, escritor cubano
- » Lucélia Santos, artista
- » Luiz Henrique da Silva, do Movimento Nacional dos Catadores de Materiais Reciclávei
- » Márcia Tiburi, filósofa
- » Márcio Pochmann, presidente da Fundação Perseu Abramo

- » Martín Guerra, presidente do Sindicato do Gás Natural do Uruguai
- » Martin Schulz, ex-presidente do Parlamento Europeu e ex-presidente do Partido Social-democrata
- » Martinho da Vila, artista
- » Mino Carta, jornalista
- » Mônica Benício, ativista
- » Nalu Faria, coordenadora da Marcha Mundial das Mulheres
- » Naudal Gomes, bispo da Igreja Episcopal Anglicana
- » Noam Chomasky, sociólogo
- » Paola Estrada, coordenadora da Aliança Bolivariana das Américas (Alba) e da Secretaria Internacional Operativa de Movimentos Sociais da América Latina
- » Paul Le Saux, ativista francês
- » Paulo Okamotto, presidente do Instituto Lula
- » Raduan Nassar, escritor
- » Roberto Gualtieri, deputado do Parlamento Europeu
- » Rosa Tuyuc, da Coordenação Nacional de Viúvas da Guatemala
- » Sanggoon Han, ex-presidente da Korean Confederation of Trade Unions
- » Sérgio Görgen, frei franciscano
- » Sharan Burrow, secretária geral da Confederação Sindical Internacional
- » Silvio Tendler, cineasta
- » Stanley Gacek, secretário da União Internacional de Trabalhadores no Comércio e Indústria de Alimentos dos EUA e Canadá
- » Susanna Caruso, secretária geral da Confederazione Generale Italiana del Lavoro

Atividades da Vigília

Desde a manhã do dia seguinte à prisão de Lula, os militantes mantêm uma agenda de atos, oficinas, eventos culturais, momentos de reflexão e formação política. Todos os dias, além do bom dia / boa tarde / boa noite, há atividades. Confira, abaixo, exemplos que ilustram a diversidade da programação durante o primeiro ano da Vigília. Por questões técnicas, este levantamento vai até abril de 2019, embora a Vigília tenha durado até novembro de 2019.

2018

08/04 1ª Assembleia na Praça Olga Benário.

10/04 Reunião com dez governadores de cinco partidos e presidente da CUT.

11/04 Bloco de carnaval Lula Livre; apresentação de teatro dos jovens do MST.

12/04 Roda de Conversa: Lava Jato; roda de conversa com Bela Gil; palestra do jurista Luiz Moreira; palestra com o sociólogo Jessé de Sousa; shows com Fabiano Whunter e Rodolfo y Roseno.

14/04 Grupo Baque Mulher Curitiba; atividades infantis com João Bello; o Samba da Resistência; grupo de percussão Partigianos.

15/04 Lançamento do livro *Paraná Insurgente*; apresentação musical de Estrela Leminski e Téo Ruiz, Horrorosas Desprezíveis, Renegado; Roda de Capoeira de Angola.

22/04 Lançamento do livro *O Dezessete: os Retirantes da Democracia*; Oficina de Mosaico EVA para crianças; show com o grupo CAO Laru (França, Brasil e México); roda de samba com Maria Navalha & Sindicatis; "Canciones para Los Hermandos", Grupo

D'America; Roda de Conversa - Em Defesa da Educação e da Democracia.

25/04 Show de violas; lançamento do livro *Poética Livre*; Roda de Conversa: O combate ao racismo em tempos de golpe.

26/04 Ato com mulheres que teceram uma manta para Lula; oficina de Intervenção Urbana; roda de blues.

27/04 Celebração pela Democracia: Ciranda pela liberdade de Lula; coral Lula Livre.

28/04 Oficina de fotografia com celular; Recital de poemas e canções da resistência, banda Skarrei, exibição do filme *Linha de Montagem*.

29/04 Aula pública – SUS: como o voto decide a saúde da população.

30/04 Aula pública com os Historiadores Pela Democracia; Mostra Cinema pela Democracia, projeção dos filmes *O Golpe em 50 Cortes ou a Corte em 50 Golpes*; *Poesia na Guerra*, *O Processo*.

03/05 Mostra Cinema pela Democracia, projeção do filme *Escolas em Luta*.

06/05 Mostra Cinema Pela Democracia, projeção dos filmes *Chico* e *Joaquim*.

10/05 Debate: Redução das Desigualdades na Construção da Nação Brasileira.

12/05 Roda de cânticos de esperança.

12/05 Roda de Conversa: Luta em defesa do Sistema Único de Assistência Social.

14/05 Aula pública: Golpe de 2016 e futuro da democracia; Lançamento da plataforma de cursos da CUT.

17/05 Roda de Conversa: LGBTI, a verdade liberta.

20/05 Roda de Conversa: Como Lula entrou em sua vida?

23/05 Lançamento de CD de João Bello.

25/05 Lançamento do livro *História da Comuna de Oaxaca*.

26/05 Lançamento da pré-candidatura de Lula à presidência; Roda de Conversa: O golpe e seus efeitos.

09/06 Roda de Conversa: Cadê Mulheres - resistência e poesia.

10/06 Arraiá Lula Livre.

11/06 Roda de conversa sobre o livro *Estado de Exceção: A forma jurídica do neoliberalismo*.

13/06 Roda de Conversa sobre direito ambiental e lançamento do livro *O Maior Genocídio da História da Humanidade*.

17/06 Copa do Mundo – Brasil X Suíça.

19/06 Roda de Conversa: Desigualdades sociais no campo e nas cidades.

27/06 Roda de viola e violão.

29/06 Apresentação do cordel *O Encontro com John Lennon*; Roda de Conversa: O direito de lutar pela terra

04/07 Roda de conversa: Congresso do Povo; Roda de Conversa: A importância do Banco do Brasil e da Caixa como bancos públicos e estratégicos.

09/07 Roda de conversa: Método de Trabalho de Base.

10/07 Roda de conversa: Sexualidade e gênero; Roda de conversa: Projeto para o Brasil; Roda de conversa: Fotomontagem - Construção de Discurso com Imagens.

11/07/ Roda de conversa: A História do SUS e sua autoridade.

13/07 Roda de conversa: Organização popular para a luta política; Roda de Conversa: Comunicação, luta e fotografia.

13/07   Roda de conversa: Saúde da população negra nos governos Lula e Dilma.

14/07   Oficina de Comunicação; Roda de Conversa: Ataque aos direitos sociais.

16/07   Roda de conversa: Entrega do petróleo brasileiro e desvalorização da Petrobras.

17/07   Apresentação de peça de teatro.

18/07   Oficina de fotografia "Mulher Bonita é a que Luta".

19/07   Oficina de turbantes para mulheres; Roda de conversa: Arte, corpo e liberdade.

20/07   Oficina de Teatro.

23/07   Exibição do filme *A Comida Está na Mesa*.

25/07   Roda de conversa: Dia Internacional da Mulher Negra Latino-americana e Caribenha.

26/07   Roda de conversa: Classe, gênero e raça.

27/07   Roda de conversa: Papel das mulheres na eleição presidencial.

31/07   Exibição do filme *Olga*.

02/08   Roda de conversa: Contexto político do Brasil / Agricultura do semiárido.

03/08   Roda de conversa: Tributação e Desigualdade Social.

06/08   Roda de conversa: Reforma da Previdência; Roda de Conversa: Arte e Ativismo

08/08   Roda de conversa: Saúde da População Negra.

09/08   Roda de conversa: Consequências do Golpe para Trabalhadores da América Latina.

10/08   Roda de conversa: Terapia Através da Fala; Conjuntura do Golpe no Brasil.

11/08 Lançamento do livro *Lula Livre - Lula Livro*.

13/08 Lançamento do livro *Comentários a Um Acórdão Anunciado – O Processo Lula no TRF-4*.

14/08 Roda de conversa: Conjuntura Energética e os Desafios para a Classe Trabalhadora.

21/08 Roda de conversa: Prisão de Lula e Democracia na América Latina.

22/08 Roda de conversa: Práticas e Crenças da Política Brasileira; Projeção do filme "Policarpo Quaresma".

25/08 Roda de conversa: Campanha Direitos Valem Mais.

26/08 Roda de conversa: Interesse Estratégico do Pré-Sal para o Desenvolvimento Nacional.

28/08 Roda de conversa: Efeitos do Golpe Parlamentar de 2016 na Vida das Mulheres Brasileiras.

29/08 Roda de conversa: Dia Nacional da Visibilidade Lésbica.

02/09 Lançamento do Livro *Comunicação e Política: EBC e o Impeachment do Governo Dilma*.

04/09 Roda de conversa: A impunidade contra os lutadores do povo.

05/09 Roda de conversa: Mulheres Indígenas nos Espaços Políticos.

06/09 Espaço Marielle Franco: Lançamento do filme *Dedo na Ferida*.

11/09 Lançamento da candidatura de Fernando Haddad e Manuela D'Ávila à presidência.

12/09 Lançamento do livro *Se é público, é para todos*; Roda de conversa: Crescimento industrial e reflexo na economia e no poder de compra no governo Lula.

14/09 Roda de conversa: Arte, Cultura e Preservação da Memória.

15/09 Lançamento do livro *Ladrões no Celeiro, Avante Companheiros!*

25/09 Roda de conversa: Direitos Humanos e retrocessos.

30/09 Lançamento do livro *Caravana da Esperança - Lula pelo Brasil*.

03/10 Roda de conversa: Ensino Médio.

16/10 Lançamento do livro *Dossiê Lava Jato – Um Ano de Cobertura Crítica*.

17/10 Lançamento livro *Africanidades e Democracia*.

19/10 Roda de conversa: Situação Política no Brasil e Ameaças à Democracia.

22/10 Roda de conversa: MST e a Reforma Agrária Popular.

24/10 Roda de conversa: Quilombolas e Racismo Institucional, Cultura e Gênero.

27/10 Ato na Praça Olga Benário, aniversário 73 anos de Lula.

01/11 Roda de conversa: Reforma da Previdência; Oficina de Bordado.

03/11 Samba Feminista.

05/11 Roda de Violão.

06/11 Exibição do filme *Arpilleras: Atingidas por Barragens Bordando a Resistência*.

13/11 Exibição do filme *Revolução dos Bichos*.

15/11 Exibição do depoimento de Lula na 13ª Vara de Curitiba.

16/11 Exibição do filme *Lula, o Filho do Brasil*.

20/11 Roda de conversa: Dia da Consciência Negra.

29/11 Roda de conversa: Música, Educação e Militância Política.

02/12 Roda de conversa: Luta pela Terra no Brasil, Quilombolas.

08/12 Roda de conversa: Mobilização por Lula Livre e Saúde Mental do Trabalhador.

13/12 Exibição do filme *Catadores de Histórias*.

16/12 Exibição do filme *A História da Fome no Brasil*.

18/12 Roda de Conversa: Projeto "Mulheres Cabulosas da História".

2019

01/01 Ato Político. Manifestação de Ano Novo. Abraço à Sede da Polícia Federal

13/01 Roda de conversa. Congresso do Povo e as Tarefas da Classe Trabalhadora.

25/01 Roda de conversa feminista. Mulheres com Lula.

10/02 Ato Político. Celebração dos 39 anos do PT.

27/02 Roda de conversa. Importância de fortalecer campanha Lula Livre em fóruns internacionais.

21/03 Roda de conversa: Por Lula e pelo Direito à Aposentadoria; Roda de conversa: A Conjuntura do Poder Judiciário Desde o *Impeachment*.

23/03 Roda de conversa: Previdência social: a destruição pretendida por Bolsonaro.

24/03 Roda de conversa: Energia no Brasil: Importância no Governo Lula e hoje.

26/03 Roda de conversa: Reforma da Previdência; Roda de conversa: Conjuntura: América Latina, da resistência nos anos 90 aos dias de hoje.

27/03 Apresentação de grupo de frevo; Roda de Conversa: Impactos do Governo Lula na vida do Povo Nordestino.

06/04 Roda de conversa: Feminicídio.

Formação

Congresso do povo

As chamas se alastraram em minutos, consumindo o que havia pela frente naquela noite de 7 de dezembro de 2018. Mas o incêndio criminoso destruiu 105 casas da comunidade 29 de março, onde viviam 400 pessoas. Essa é uma das quatro ocupações ao lado da Vila Corbélia, na Cidade Industrial de Curitiba (CIC), um dos bairros de maior vulnerabilidade social da capital paranaense.

Moradores acreditam que foi vingança pela morte de um policial, no dia anterior. A Polícia Militar, em princípio, culpou o "crime organizado". Mas acabou confirmando as imagens de um vídeo em que homens da corporação aparecem dando tiros na rua onde, pouco depois, começa o fogo. Há testemunhas. Mas o inquérito no Ministério Público ainda não chegou aos culpados.

A retomada da vida na Vila Corbélia está se dando à custa de muita solidariedade e esforço. Oito meses passados da tragédia, 78 novas moradias foram erguidas com material doado e mão de obra voluntária. Mais ainda, a infraestrutura até recebeu melhorias.

Essa história de superação conta com uma contribuição relevante da Vigília Lula Livre. Militantes dão apoio à comunidade desde a noite da tragédia. Colaboraram em todas as etapas da reconstrução do local atingido, que começou com um grande esforço para a limpeza dos escombros. Edna Elaine Bacilli, a Néia, uma das coordenadoras das ocupações, conta que, com o método da

Teto, organização não governamental com presença em 19 países, foram construídas as primeiras 21 casas.

Todo mundo trabalhou junto: a Teto e outras ONGs, a comunidade, o pessoal do MST, muitos grupos voluntários. Depois, o pessoal do MST fez mais duas casas, um banheiro comunitário, reformou o centro comunitário e ajudou terminar serviços de outras ONGs.

"O pessoal do MST" são os militantes do movimento sem-terra ligados a uma iniciativa chamada Congresso do Povo, que a envolve a Vigília. Em julho, reuniram 50 pessoas em um mutirão de instalação de fossas sépticas biodigetoras para cada família. Essa foi uma das atividades da programação preparada para as caravanas que vêm a Curitiba se solidarizar com o ex-presidente.

Desde os primeiros dias nas ruas, a Vigília desenvolveu a capacidade de promover a reflexão, o debate, a troca de saberes. Seja pela necessidade de pensar a conjuntura e se preparar para os possíveis cenários; seja pela presença frequente de intelectuais e figuras públicas; seja pela oportunidade de reunir tantas pessoas com espírito de participação política, os momentos formativos se constituíram em um dos pilares desse modelo de ocupação do território.

Não por caso, esse setor ficou a cargo do MST, organização com sólida experiência em formação popular. Teoria e prática se complementaram nas mais diversas práticas, em distintas áreas de conhecimento, para diferentes públicos. As opções iam de oficinas de música ao tradicional Curso de Realidade Brasileira, iniciativa do Centro de Estudos Apolônio de Carvalho voltada aos ensinamentos dos grandes pensadores brasileiros.

O principal público das formações era composto pelas pessoas das caravanas que iam regularmente à Vigília. Após o frenesi dos primeiros meses – quando baixou a temperatura em torno do acampamento e surgiu a necessidade de garantir densidade a esse projeto de resistência –, criou-se um sistema de rodízio entre os assentamentos e acampamentos do MST. A cada 15 dias, chegava um ônibus com homens, mulheres e jovens, que deixavam suas roças e seus animais sob cuidados de parentes e amigos, para viver uma experiência política urbana.

Com isso, o quórum permanente se manteve estável, em torno de 40 a 50 pessoas. Durante as duas semanas que passavam em Curitiba, a programação era intensa: além de engrossar a turma do bom dia/boa tarde/boa noite, eles acompanhavam todos os eventos Lula Livre, faziam cursos no Espaço Marielle Vive e trabalhavam no Congresso do Povo.

O primeiro dia, conta Luana Lustosa, responsável pela programação das caravanas, era dedicado a uma inserção no espírito da Vigília.

> A gente explica o propósito de estarem aqui, apresenta os espaços, distribui os afazeres. Também discutimos com eles a programação e muitas vezes organizamos juntos algo de interesse específico deles.

Para se ter uma ideia da diversidade das agendas, a caravana que esteve na Vigília entre 23 de maio e 6 de junho, por exemplo, teve dois dias de Curso Realidade Brasileira, roda de conversa sobre saúde alternativa, debate sobre a conjuntura, intervenções na comunidade pelo Congresso do Povo, formação com o teólogo Frei Vinícius, curso sobre princípios organizativos, oficina de tear, apresentações culturais e momentos de mística.

Ao final da estada, havia uma rodada de avaliação e cada pessoa escrevia uma carta para Lula.

De cada ônibus, cinco voluntários dedicavam os 15 dias inteiros às brigadas de solidariedade ligadas ao Congresso do Povo. A caravana toda tirava um dia para conhecer e, quando possível, participar desse trabalho de base.

Para Roberto Baggio, do MST, "mais do que um espaço físico, a Vigília se tornou um processo".

Foi uma oportunidade para a gente inovar, em termos de iniciativas políticas, como o Congresso do Povo. E propiciou o resgate de tarefas históricas, como o trabalho de base e o investimento em formação política.

Conforme passavam os meses da prisão de Lula, diante da perspectiva de ter que resistir a longo prazo, a coordenação da Vigília concluiu que era preciso dar organicidade ao movimento e definir estratégias para a ocupação.

Um dos nossos objetivos é manter este território para a denúncia permanente ao golpe da Dilma, ao sequestro político do presidente Lula e ao desmonte das políticas públicas. Outro objetivo é usar este modelo de articulação da militância para fortalecer a formação política. Porque aqui é um ambiente de diálogo com o conjunto de forças, para fazer contatos, plenárias conjuntas. É um lugar para a classe trabalhadora se encontrar.

Além disso, ao se instalar em um endereço físico, a Vigília aproveitou para se conectar com a realidade daquele local.

Temos que estar junto com as comunidades do bairro, da cidade. Por isso, é importante desenvolver atividades voluntárias. A gente planta bosque no terreno abandonado, constrói casa na periferia, doa sangue nos hospitais, doa alimentos dos assentamentos, faz horta nas escolas. No final, tudo vira "Lula livre". Então, acontece uma troca. A gente estabelece uma conversa com a população sobre as dificuldades e sobre as possibilidades da organização popular para resolverem seus problemas.

Hortas nas escolas

Outra frente do Congresso do Povo que literalmente começa a brotar em meio ao asfalto da metrópole paranaense é a agroecologia. Os militantes estão fazendo hortas comunitárias e agroflorestas.

As sementes, o adubo orgânico e os trabalhadores geralmente vêm direto do campo, trazidos pelas caravanas que chegam à Vigília. Joabe de Oliveira, responsável pelos trabalhos das brigadas voluntárias, conta como vem sendo a ação nas escolas públicas.

Em abril de 2019, o pessoal do assentamento Dorcelina Folador, de Arapongas, participou do quarto mutirão de solidariedade no Centro Educacional Infantil (CEI) Maria Cazetta, no bairro de Uberaba. Além da limpeza do terreno, da criação de canteiro de ervas medicinais e horta, a creche recebeu a doação de 300 litros de iogurte e 100 peças de queijo da cooperativa da reforma agrária Campo Vivo. Em junho do mesmo ano, no Colégio Estadual Santos Dumont, no bairro do Guaíra, agricultores do Oeste do Paraná fizeram um mutirão que transformou o ambiente escolar: limparam o pátio onde as crianças brincam, pintaram as salas de aula, fizeram um canteiro de ervas medicinais.

> Os diretores procuram a gente pra pedir uma horta. Teve uma escola que até convidou o nosso pessoal para falar com os alunos. Entramos na sala de aula e conversamos com a meninada sobre agricultura familiar, reforma agrária, hábitos alimentares saudáveis e sustentáveis. É isso que nós buscamos, o diálogo com a comunidade. Nosso objetivo não é só fazer trabalho braçal, assistencialista. Nas escolas, por exemplo, entendemos que a brigada é uma forma de protesto contra um governo que quer sucatear a educação.

A interação com a Vigília Lula Livre era natural. Joabe lembra de uma jornada que levou dois ônibus de militantes a uma escola para plantar uma agrofloresta.

> Fazia um ano do assassinato de Marielle Franco. As pedagogas deram o nome ao bosque de Marielle Vive. Elas plantaram as primeiras mudas. E houve muitas falas políticas, incluído a prisão injusta do presidente Lula. Então, por onde a gente passa, a gente leva o lema do Lula Livre. Às vezes levamos o jornal Brasil de Fato,

fazemos uma roda de conversa para discutir as notícias com a comunidade. Outras vezes, levamos o povo para a Vigília.

Além de infraestrutura e agroecologia, o Congresso do Povo se prepara para entrar também na área de educação. Está iniciando um projeto de alfabetização na ocupação 29 de março, com base no método "Sim, eu posso", já utilizado há muitos anos pelo MST. Desenvolvido pelo Instituto Pedagógico Latino-Americano e Caribenho de Cuba, o conjunto de diretrizes de letramento está alinhado com a pedagogia de Paulo Freire.

> Estamos terminando de fazer um barracão adequando para as aulas. Já tem computador, cadeira. E até uma professora local, que terá suporte de uma professora de Curitiba. Nossa ideia é capacitar pessoas da ocupação para serem multiplicadoras no processo de alfabetização da comunidade, informa Joabe.

No dia 12 de outubro de 2019, durante festa em comemoração ao Dia das crianças na comunidade, foi inaugurada a Biblioteca Laboratório Paulo Bearzoti Filho, no antigo centro comunitário doado pela ONG Teto e reformado pelo MST. O espaço multiuso é utilizado à noite como sala de aula. Há também laboratório de informática, gibiteca, videoteca e brinquedoteca.

> **Congresso do Povo**
>
> O Congresso do Povo (CP) é uma iniciativa de formação política, idealizada pela Frente Brasil Popular (FBP), no final de 2017. Seu objetivo principal, descrito no documento de lançamento, é deflagrar "um grande processo pedagógico das massas", que "desafie o próprio povo a identificar as saídas" para a crise e ajude a população a "se organizar para construir um novo projeto de país".
>
> Na prática, isso significa articular as comunidades e os coletivos da sociedade civil, para que reflitam sobre problemas comuns, encontrem soluções e se fortaleçam na defesa de seus direitos. Essa ação começa a acontecer no âmbito das cidades; depois, seguirá em nível estadual; e se consolidará em um grande encontro nacional.
>
> Para enfrentar esse desafio, o MST mobilizou centenas de pessoas de seus assentamentos, em todos os estados. Militantes do campo se dispuseram a deixar suas terras e se instalar nas capitais, pelo período de dois anos, com o compromisso de implementar as primeiras experiências.
>
> Em Curitiba, começou com um grupo de 40 militantes, vindos dos acampamentos Maria Rosa do Contestado e Padre Roque Zimmermann. As caravanas da Vigília Lula Livre logo foram incluídas.
>
> A estratégia de trabalho com a base consiste em uma via de mão dupla. De um lado, voluntários das brigadas de solidariedade fazem trabalhos nos territórios – como a construção de casas na CIC. De outro, os moradores das comunidades iam à Vigília, onde debatiam sobre seus problemas e participavam de rodas de conversa que contribuíam para sua conscientização política.

Espaço Marielle Vive

Planejado para ser a base das formações da militância, o Espaço Marielle Vive de Formação e Cultura foi inaugurado no dia 4 de setembro de 2018, com a presença dos pais de Marielle Franco, assassinada no Rio de Janeiro. A casa, alugada pelo movimento sem-terra, fica a poucos metros da sede da Vigília. Do lado de fora do portão branco, dá para ver o rosto da vereadora desenhado no muro lateral interno. Seguem-se a ela, enfileirados ao longo da parede, ícones da esquerda mundial: Karl Marx, Vladimir Lenin, Rosa de Luxemburgo, Fidel Castro, Hugo Chavez, Lyudmila Pavlichenko. O painel em grafite foi executado pelo militante Tarcísio Leopoldo, com colaboração do militante Tylle Chaves Cristófes na concepção.

Na entrada, à direita, há uma estrutura de madeira montada em torno de uma araucária. Ali funcionou uma cozinha, idealizada e coordenada pelo Tylle. Hoje desativada, serve água, café e bolachinhas. No mesmo ambiente, uma gigantesca e histórica foto de Lula nos braços do povo, em São Bernardo, cobre toda a parede do espaço de convivência. Descendo ao fundo do terreno, passa-se por uma sala administrativa e pelo quarto de Tylle, que mora na casa e cuida do dia a dia. Passando o quintal, onde há um viveiro com mudas de árvores nativas, está o amplo barracão que comporta até 150 cursistas.

O curso inaugural do Marielle Vive, de 11 de setembro a 3 de outubro de 2018, foi o Curso Básico de Formação de Militantes, realizado anualmente pelo MST. Esse ano, aconteceu na Vigília intencionalmente, conforme declarou, na época, o responsável pela formação, Geraldo Gasparin, ao jornal *Brasil de Fato*: "Optamos por realizar [o curso] junto à vigília, buscando conciliar o momento de estudo com um processo de luta, de vivência desse momento político, percebendo que essa é uma luta mais ampla, que afeta o conjunto da classe trabalhadora". Participaram 64 militantes dos estados de Paraná, Santa Catarina e Rio Grande do Sul. As aulas abordaram temas como a questão agrária brasileira, economia política, filosofia e a questão de gênero.

As pessoas das caravanas aproveitavam as duas semanas na Vigília para estudar, relata Tarcísio, integrante do grupo de coordenação político-pedagógica. Com família no assentamento Dom Tomás Balduíno, na cidade de Quedas do Iguaçu (PR), ele chegou à Vigília no primeiro dia, passou um tempo, voltou para casa e retornou de vez. O desenho –que aprendeu em um curso por correspondência– foi sua ponte com a militância.

Adolescente, peregrinou em busca de estudos e emprego, chegou a dar aula em uma escola de artes, até voltar para a casa da família, que vivia com dificuldades financeiras. Ajudou o pai trabalhando como marceneiro e pedreiro. Um dia, surgiu uma oportunidade de participarem de uma ocupação e tentar se fixar em uma terra.

> A gente praticamente já vivia acampado. Nossa vida era ir de um lado para outro, onde chamavam para construir uma casa, fazer uma reforminha. No caminhão, a gente levava ferramentas, fogão, geladeira... Quando falaram do acampamento, eu disse aos meus pais "se vocês querem lutar para conquistar uma terra de vocês, eu vou acompanhar vocês".

No primeiro mês, descobriram que ele desenhava. Fez as imagens de Dom Tomás e Tchê estampadas no barracão do assentamento. Não demorou, estava engajado no movimento sem-terra.

Jovens

Um sucesso entre os jovens, o Curso de Comunicação Popular Ulisses Manaças, criado pelo MST, foi lançado em outubro de 2018 e já contou com mais de cem participantes. Na 4ª edição, em junho de 2019, 30 educandos tiveram 98 horas de aulas teóricas e práticas, recebendo certificado de conclusão. Os conteúdos abordaram conhecimentos sobre audiovisual, rádio, fotografia, redes sociais, produção de texto, análise de mídia, história da comunicação, segurança de redes. Filhos de pequenos agricultores dos assentamentos, puderam também debater suas realidades locais e fazer avaliações da conjuntura nacional do ponto de vista da comunicação.

Para colocar a mão na massa, os aprendizes saíram às ruas de Curitiba. Fizeram a cobertura da greve geral de 14 de junho contra a reforma da previdência e cortes na educação. Uma parte da turma viajou até a Lapa, em 22 de junho, para cobrir a festa da colheita, que reuniu mais de mil pessoas no assentamento Contestado. E ainda tiveram de produzir material sobre as mobilizações pela liberdade do ex-presidente Lula, nos dias 24 e 25 de junho, na Vigília Lula Livre.

Ednubia Ghisi, integrante da coordenação político-pedagógica e responsável pelos cursos de comunicação popular, explica que a comunicação é estratégica para o MST: "um instrumento de luta".

Em julho de 2019, o Espaço Marielle sediou o 1º Curso Escola de Férias da Juventude Sem Terra. Vieram para a Vigília cerca de 70 estudantes das escolas do campo que funcionam dentro dos acampamentos e assentamentos, no Paraná e no Rio Grande do Sul. A moçada estudou temas relacionados à vida no campo, sob a perspectiva da juventude. Cássia Paulina Pereira, de 16 anos, adorou. "Não quero voltar pra casa! Isso aqui é muito bom. Quando, em uma escola normal, vamos ter chance de falar desses assuntos?", disse ela, emocionada, no último dia.

Emoção era o que não faltava nas formações do Espaço Marielle, devido à tradicional vocação do MST para a chamada "mística". Roberto Baggio explica o que é essa prática.

> A mística mescla a arte, a cultura, com reflexões filosóficas. São momentos em que se desfruta das sensações, do belo, com um aprofundamento analítico. Nessas atividades, que podem ser uma representação teatral, uma performance musical, um ato público, a gente aproveita para se localizar no tempo, resgatar o acúmulo histórico e planejar a caminhada para o futuro.

Era caminhando que acontecia, por exemplo, a chamada "formatura" na Vigília, um momento repleto de mística. Todos os dias, os militantes do MST faziam uma marcha pela rua, distribuídos em duas filas, desde o Espaço Marielle até a Vigília. Portando bandeiras e faixas, eles iam cantando e bradando palavras de ordem para participar do bom dia, presidente.

Casa Lula Livre

"Não desperdice comida. Resistimos através de doações". O aviso na parede do refeitório menciona apenas os alimentos. Mas praticamente tudo na Casa Lula Livre, o principal alojamento da Vigília, foi fruto de doações. A começar pela história da chamada "creche" –uma antiga escola infantil na rua João Gbur, ainda com bichinhos desenhados na fachada. No tempo em que o pessoal procurava terrenos para instalar os acampados, o proprietário cedeu o imóvel ao movimento, por três meses, gratuitamente.

Desde então, hospedaram-se lá as pessoas das caravanas e militantes de organizações que foram para a Vigília. O espaço dispunha de uma ala de quartos masculinos e uma ala feminina. Uma cozinha e um grande refeitório, com pia para cada um lavar sua louça, fazem a ligação entre os dois blocos. Os três banheiros com chuveiros elétricos eram compartilhados.

De acordo com os coordenadores, a taxa de ocupação do alojamento, em média, era de cem pessoas por dia. No início, a procura era tamanha que tinha gente dormindo em colchões no chão. Até aparecer um militante que sabia fazer "treliches", que são camas de três andares. Problema resolvido. A madeira veio dos assentamentos do MST e a mão de obra, dos próprios hóspedes. A casa chegou a ter 123 leitos, que, pela facilidade de um sistema de portas removíveis, podiam ser distribuídos em até 7 quartos, de acordo com as necessidades.

As obrigações cotidianas também eram distribuídas entre os ocupantes da casa. Havia uma escala para limpar os cômodos, lavar a roupa, fazer a comida. Em média, eram preparados 15 quilos de arroz e feijão e 10 quilos de carne por dia. Todo o pão consumido era feito na casa.

Vicente Amorim foi um dos coordenadores da casa, que era gerenciada por militantes, em sistema de revezamento. Ligado ao PT de Brasília, já esteve na Vigília 16 vezes, das quais 13 cuidando da creche e pilotando o fogão, habilidade adquirida nos tempo em que trabalhou em restaurantes.

As regras, diz o mineiro aposentado, eram rígidas.

> Não pode bebida alcoólica, não pode drogas, não pode chegar fora do horário, não pode ter comportamento racista, homofóbico ou qualquer outro tipo de intolerância social. Às dez da noite, acaba o barulho; às onze, apagamos todas as luzes. Se não cumprir esses acordos, a gente coloca pra fora.

Outra responsável pela rotina da creche, a gaúcha Márcia da Rosa chegou a Curitiba na madrugada do dia 8 de abril de 2018. Veio de Novo Hamburgo, onde é coordenadora estadual do Movimento Nacional de Luta por Moradia. Ela e o marido acamparam em barracas de lona na rua e, depois, no Marisa Letícia. Quando o frio pegou, uma pneumonia a obrigou a voltar para sua cidade.

Depois disso, Márcia ia e vinha. Microempresária de produtos de limpeza ecológicos, trouxe suas técnicas para a creche, tendo produzido sabão e alvejante na casa.

> Eu adoro vir aqui. Porque a Vigília é feita pela base, pelos militantes, como eu. São pessoas que amam o Lula, que reconhecem o que ele fez. Eu tenho casa própria graças ao crédito solidário. Nunca imaginei que iam botar um homem como esse na cadeia.

Galeria de fotos

Fachada da Vigília   *Aurea Lopes*

Banda de frevo se apresenta na Vigília   *Aurea Lopes*

Curso de música no Espaço Marielle *Douglas Mansur*

Manifestação ao completar um ano da prisão de Lula *Douglas Mansur*

Galeria de fotos

Caminhada ao completar um ano da prisão de Lula *Gibran Mendes*

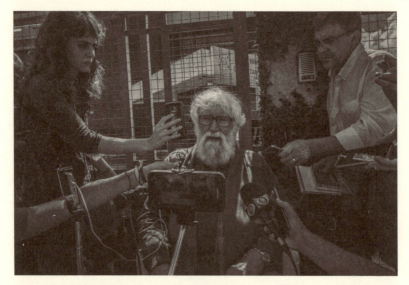

Leonardo Boff, impedido de visitar Lula *Gibran Mendes*

Regina Cruz, da coordenação da Vigília *Douglas Mansur*

Galeria de fotos

Rosane da Silva, da coordenação da Vigília *Gibran Mendes*

Roberto Baggio, da coordenação da Vigília *Douglas Mansur*

João Bello, artista popular *Gibran Mendes*

Suzi Monte Serrat, artista popular *Gibran Mendes*

Galeria de fotos

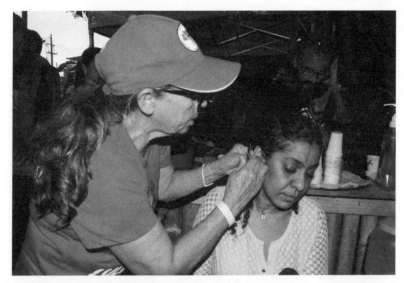

Dona Maria Natividade de Lima, responsável pelo Espaço Saúde *Douglas Mansur*

Neudicleia Oliveira, da coordenação da Vigília *Douglas Mansur*

Izabel Aparecida Fernandes, militante *Douglas Mansur*

Roda de conversa *Gibran Mendes*

Galeria de fotos

Ato inter-religioso   *Douglas Mansur*

Luzes para Lula *Douglas Mansur*

Formação no Espaço Marielle *Douglas Mansur*

Galeria de fotos

Congresso do Povo, construção de biofossas *Acervo MST*

Congresso do Povo, construção de casas *Acervo MST*

Carta de Lula
Agradecimento de Lula à Vigília

Curitiba, agosto de 2019

Meus queridos companheiros e minhas queridas companheiras da Vigília Lula Livre,

Eu já escrevi bilhetes para a Vigília, enviei cartas para alguns de vocês, falei nas entrevistas e mandei mensagens pelas pessoas que vieram aqui me visitar. Em todas as oportunidades que pude, fiz questão de dizer que vocês são uma grande força, todas as manhãs, tardes e noites, para eu enfrentar essa prisão ilegal, resultado de uma condenação injusta, forjada em uma farsa jurídica.

Mas ainda não basta. Eu sempre vou aproveitar todos os espaços possíveis, como este livro, que é um registro da história da Vigília, para perpetuar meu agradecimento a vocês – gente guerreira.

Sei que muitos deixaram suas casas para se dedicar a esse movimento. Muitos vieram de longe para ficar por algum tempo. Muitos passaram pela Vigília apenas um dia. E até apenas por algumas horas. Não importa. Tenho certeza de que todos que vieram trazem e levam esperança, tornando esse lugar um símbolo da resistência popular.

A cada palavra de ordem, a cada cantoria que eu escuto, eu fico feliz de saber que meus sonhos e meus ideais continuam vivos. Da mesma forma, acredito que quem está lá, ao pé da araucária que consigo ver daqui, renova suas energias para continuar a luta em sua comunidade, em sua escola, em seu sindicato.

Me contaram que uma pergunta que todo mundo faz, quando chega à Vigília e olha para o prédio da PF, é "Será que ele ouve o bom dia? Será que ele ouve o boa tarde? O boa noite?" Sim, meus amigos e minhas amigas, eu ouço tudo! Já falei isso várias vezes. O que eu queria dizer aqui, que acho que nunca foi dito, é "como" eu ouço o bom dia, a boa tarde e a boa noite da Vigília.

Não é através da janela, do megafone, do carro de som, não. Eu ouço vocês com o meu coração. Ouço tudo. Cada frase, cada sorriso, cada lágrima, cada sentimento... o meu coração consegue ouvir e sentir o carinho que vocês têm por mim e pela ideia que eu represento, de que é possível ser feliz sem medo. De que é possível as pessoas deste país terem emprego decente, com carteira assinada, moradia digna, universidade pública gratuita, produção sustentável de agricultura familiar, liberdade de pensamento e de expressão, entre tantas outras conquistas cidadãs que hoje estão sendo retiradas.

Às vezes, companheiras e companheiros, eu acordo e penso: Meu Deus, o que eu tô fazendo aqui?! Por que eu tô aqui, neste lugar, acusado de uma coisa que eu não fiz? Como pode isso acontecer? E por que eu não tô lá fora, junto com essa gente, que está dando duro pra defender a nossa democracia, proteger as nossas crianças, salvar as nossas matas e rios... Confesso que nessa hora dá um desânimo. Dá vontade de fechar os olhos e tentar dormir de novo.

Mas aí... aí, de repente... o meu coração ouve: Bom dia, presidente Lula! Bom dia, presidente Lula! Bom dia, presidente Lula! Bom dia, presidente Lula! Bom dia, presidente Lula! Bom dia, presidente Lula! Bom dia, presidente Lula! Bom dia, presidente Lula! Bom dia, presidente Lula! Bom dia, presidente Lula! Bom dia, presidente Lula! Bom dia, presidente Lula! Bom dia, presidente Lula! Bom dia, presidente Lula!

E eu não espero as 13 vezes, não! Na segunda eu já me levanto. Eu já me encho de ânimo. É a força que vem de vocês, e que vocês, generosamente, me dão!

Isso é que é a Vigília pra mim. Uma fonte de coragem e vigor.

E assim como vocês dizem para eu ter forças, eu também digo a vocês: mantenham-se fortes e unidos! O Brasil precisa de vocês! Vocês, cidadãos conscientes de seus direitos, militantes sindicais, de movimentos sociais, lideranças de organizações que mantêm a Vigília há centenas e centenas de dias e nunca perderam o fôlego para gritar por justiça.

Hoje, o grito de vocês é um alento nesta prisão injusta, sem provas, sem crime, e com motivação política cada vez mais evidente. Mas é também um alerta para o país e para o mundo de que o povo brasileiro não vai se curvar à destruição de sua dignidade.

Minha inocência será provada e em breve eu vou estar aí, não só para dar um abraço forte em todos, mas me juntar ao grito de vocês. Vamos, juntos, recolocar o Brasil no lugar onde já esteve, com muito orgulho - não acima, mas ao lado das maiores nações do planeta.

Muito obrigado, do fundo do meu coração!

Lula

Epílogo

*É possível vencer quando a gente se organiza
e se propõe a lutar*

Roberto Baggio

O último boa noite dado pela Vigília a Lula aconteceu às 18h30 do dia 8 de novembro de 2019.

O cenário era muito parecido com o da noite de 8 de abril de 2018. Eles começaram a chegar pela manhã, aos poucos, colorindo de vermelho o histórico quadrilátero do bairro curitibano do Santa Cândida. No meio da tarde, intenso policiamento cercava o prédio da Polícia Federal, com vários carros da Rotam e pelotões munidos de escudos, prontos para um combate. Os manifestantes também disputavam lugar nas grades instaladas para manter a multidão à distância da porta da PF.

A diferença foi que, nessa noite, Lula não ouviu o boa noite de sua cela, no quarto andar do prédio cinza. Nessa noite, Lula ouviu o boa noite dentro da Vigília, onde foi cumprir sua promessa de cumprimentar cada um e agradecer aqueles que passaram os 580 dias de sua prisão a seu lado. Havia centenas de pessoas dentro do terreno alugado pelos militantes – que a essa hora já não tinha mais a cerca de arame, abrindo-se para a rua, onde outras centenas se aglomeravam e brandiam palavras de ordem. E cantavam. E choravam. E riam.

Lula, finalmente, estava livre!

No dia anterior, o Supremo Tribunal Federal (STF) havia vetado a execução de pena após condenação em segunda instância, retomando o entendimento de que um réu só pode ser detido após esgotados todos os recursos. Com isso, a defesa de Lula requereu sua imediata soltura.

Mais ou menos uma hora depois que Neudi entrou no prédio da PF carregando uma capa que continha um terno azul escuro, Lula saiu a pé do cárcere federal. Eram 17h. Ao chegar ao portão que dá para a rua, a primeira pessoa que ele abraçou foi sua filha, Lurian. Em seguida, o neto, Thiago. Amigos, advogados e parlamentares o rodearam em um abraço coletivo. Sob gritos acalorados e fogos de artifício, ele caminhou até a Vigília, em um percurso enganchado em apertos de mão, beijos e abraços.

No palco, emocionava-se a cada um que via: "Faz muito tempo que eu não vejo vocês!". No discurso, profundos agradecimentos: "Vocês não têm dimensão do significado de eu estar aqui, junto com vocês. Eu, que a vida inteira tive conversando com o povo brasileiro, eu não pensei que no dia de hoje, eu poderia estar aqui conversando com homens e mulheres que durante 580 dias gritaram aqui 'bom dia, Lula', gritaram 'boa tarde, Lula', gritaram 'boa noite, Lula'. Não importa se estivesse chovendo, não importa se estivesse 40 graus, não importa se estivesse zero grau, todo santo dia vocês eram o alimento da democracia que eu precisava para resistir. Vocês não têm noção do que vocês representaram pra mim. Eu fiquei mais fortalecido, eu fiquei mais corajoso".

Terminada sua fala, Lula fez um tour pela Vigília, guiado pelos militantes. Foi conhecer a recepção, onde Izabel o esperava com o livro de presença, e registrou a última das dezenas de milhares de assinaturas. Entrou no "cantinho da comunicação", tirou muitas fotos ao lado dos coordenadores e de pessoas que atuaram na linha de frente do movimento. Saiu de lá de carro, deixando a multidão que ainda comemorava e se preparava para dispersar.

A Vigília ainda continuava a Vigília. No microfone, alguém pedia para todos se retirarem com calma, cessando o barulho, porque era preciso respeitar o horário de silêncio. E pedia também para que não deixassem lixo espalhado nas ruas.

No dia seguinte, começaria o desmonte do espaço. A Vigília havia chegado ao fim, com sua missão cumprida.

Depoimento pessoal

Cheguei à Vigília pela primeira vez movida pelo puro prazer de exercer meu ofício, por minha conta e risco. Tinha em mente fazer uma reportagem acurada e saborosa, que não sabia bem onde iria publicar. Ao me deparar com uma estrutura tão instigante, mantida e frequentada por personagens fascinantes, entendi que precisaria uma quantidade muito maior de palavras para descrever a complexidade do movimento e as sutilezas dos sentimentos. Assim surgiu este livro, o meu primeiro.

Passei a frequentar a Vigília. Circulei pelas ruas, conversei com pessoas, observei fatos, testemunhei fortes emoções. Fiz 7 viagens a Curitiba, mais de 60 entrevistas, preenchi 7 cadernos de anotações, 10 horas de gravações, em um esforço para ouvir o máximo possível de envolvidos. Incluindo os vizinhos opositores, com os quais tentei contato, mais de uma vez, por meio de sua advogada. Não quiseram falar. Respeitei.

As histórias que contei aqui não encerram tudo o que aconteceu nos 580 dias de solidariedade e resistência naquele território que entrou para o mapa político do Brasil. Mas levam a reflexões e aprendizados. Entender como se formou, como se organizou e como se sustentou a Vigília Lula Livre –em especial a partir da investida fascista instalada no país em 2019– há de servir, no mínimo, como referência nos futuros processos de lutas sociais.

Quem dera, esta história seja também inspiradora para a unidade das forças progressistas, fadadas a estar em permanente vigília na defesa dos direitos democráticos.

Agradecimentos

A animação com que as pessoas reagiam à notícia de que eu estava preparando um livro sobre a Vigília Lula Livre foi o meu maior estímulo para tocar em frente esse projeto. Muitas delas me apoiaram em tarefas, algumas emprestaram seu senso crítico, outras tantas me abriram seus corações e suas casas e se tornaram amigas.

Meu primeiro agradecimento é a Bernardo Mançano Fernandes, a quem procurei inicialmente para fazer uma entrevista, e que acabou, generosamente, assumindo o papel de um orientador desta jornada.

Agradeço aos advogados: Daniel Godoy, por me fornecer informações fundamentais sobre a batalha processual em torno da Vigília; Luiz Eduardo Greenhalgh e Manoel Caetano, por compartilhar alguns de seus prazerosos momentos ao lado de Lula; Ivete Caribé, Felipe Mongruel e Tânia Mandarino, pela paciência em me ajudar a selecionar e traduzir os detalhes jurídicos.

Agradeço aos fotógrafos Douglas Mansur e Gibran Mendes, por ceder as belas e históricas imagens que ilustram o livro; e ao militante e ilustrador Tarcísio Leopoldo, pelo Mapa da Resistência.

Agradeço a Alba Companheira por me dar acesso a sua preciosa herança, os bilhetes para Lula deixados na Casa da Democracia.

Agradeço a Lara Sfair, pela paciente leitura dos originais, pela assessoria zelosa pelo projeto, e, especialmente, pelo chá quentinho nas noites frias de Curitiba.

Sobre a autora

Áurea Lopes é jornalista. Foi repórter, editora e diretora em vários meios de comunicação para a imprensa convencional e na mídia impressa e digital alternativa. Militante dos movimentos de esquerda, foi diretora da Associação Brasileira de Imprensa ABI-SP e fundadora dos jornais *Brasil de Fato* e *Brasil Agora*. Apoia organizações relacionadas a causas sociais, como a Comissão de Defesa dos Direitos Humanos Dom Paulo Evaristo Arns e Viração Educomunicação.